智慧地推进新型城镇化发展

——智慧城市创建案例

住房和城乡建设部建筑节能与科技司　主编

中国建筑工业出版社

图书在版编目（CIP）数据

智慧地推进新型城镇化发展——智慧城市创建案例/住房和城乡建设部建筑节能与科技司主编. —北京：中国建筑工业出版社，2014. 8
ISBN 978-7-112-17084-5

Ⅰ. ①智… Ⅱ. ①住… Ⅲ. ①城市化-发展-研究-中国 Ⅳ. ①F299.21

中国版本图书馆CIP数据核字（2014）第152184号

责任编辑：张幼平
书籍设计：肖晋兴
责任校对：张　颖　关　健

智慧地推进新型城镇化发展
——智慧城市创建案例

住房和城乡建设部建筑节能与科技司　主编

*

中国建筑工业出版社出版、发行（北京西郊百万庄）
各地新华书店、建筑书店经销
晋兴抒和文化传播有限公司制版
北京富生印刷厂印刷

*

开本：880×1230毫米　1/16　印张：11¼　字数：210千字
2014年8月第一版　2014年8月第一次印刷
定价：42.00元
ISBN 978-7-112-17084-5
（25240）

前　言

党中央、国务院提出的“走以人为本、四化同步、优化布局、生态文明、文化传承的中国特色新型城镇化道路”，体现了更加深刻、更加全面的新型城镇化的指导思想，既继承了近年来倡导的集约、智能、绿色、低碳原则，又突出了“以人为核心”的新型城镇化精髓，是我国城镇化理论与实践的重大突破，是我国开展现代化建设、实现小康社会的有效路径。

城镇化是一个复杂巨系统，包含社会、经济、政治、文化、生态等系统的演替发展过程，各系统相互牵制、相互关联，牵一发而动全身；一旦确定，具有相对的不可逆性和约束性，它的成败得失涉及当前和未来，影响深远。

要科学地推进新型城镇化发展，就要坚持以下理念：讲究规划，守住底线，创新发展。讲究规划，体现了这个时期对城镇发展的科学性判断和合理性建设；守住底线，体现了一种规则意识，对前人、当代人和后人负责的态度，是一种敬天爱人、顺大道的智慧；创新发展，体现了科学有为的精神，尤其是对基层群众创新经验的认可和尊重，对最有建设性贡献的实践经验进行研究总结，上升为指导未来工作的政策法规。

住房和城乡建设部以“智慧地推进新型城镇化发展”为目标，于2012年底启动了创建国家智慧城市工作，加强各省对试点城市创建工作的指导，先后遴选了两批共193个不同区域不同种类的市、区、镇。我们依据经济发展、社会公平、环境优美的准则，以创新务实的精神，指导城市智慧地发展。我们按照系统工程的原理，做好顶层设计，整合各类资源，实施分类推进；深入基层、调研分析各地新型城镇化的实践经验。在借鉴国内外探索城镇化可持续发展经验的基础上，建立城市预测、干预、修复等实验室进行仿真研究，系统地制定引导性标准，经过广泛征求政产学研用资各方面意见后，由各领域专家进行把关，发布相应的管理办法、指标体系，并从行政管理、理论研究、技术攻关、标准制定、产业推进、投融资等多方面开展了具体的工作。在创建过程中，我们明确要求各城市必须坚持问题导向、需求导向和目标导向，必须坚持统筹规划和重点突破，把握好五个实施要点，即：注重一城一策，谋划发展路径；注重以人为本，控制绩效质量；注重产城相融，加大内生动力；注重共享协同，创新体制机制；注重市场主导，优化配置资源。

经过不断探索和两年的创建实践，各地智慧地发展城镇、推进新型城镇化的标志性成果已经呈现。

河南省舞钢市提出了“土地向规模经营集中，农民向中心城镇、中心社区集中”举措，以智慧城市建设为主线，走出了一条推进城乡一体化的新路子。

江苏省无锡市阳山镇强调坚持一张好的蓝图干到底，创新空间优化、多元资金投入模式，努力构建生产、生活、生态相协调的智慧小镇。

上海市浦东新区以智慧引领模式变革为主线，突出以人为本，推进政务服务从“以政府为中心”向“以公众为中心”的智慧政务服务模式转变、推进智慧城市管理从平面化向立体化的管理模式转变、推进民生服务从单向推送向多方互动的智慧民生服务模式转变、推进以产用联动和融合创新为核心的产业创新发展模式。

北京市朝阳区逐步健全和完善了以政府为主导、社会为主体，以朝阳社会信用体系为支撑的数量化、智能化、科学化的全模式服务管理系统，探索了智慧城市建设的新方向。

江苏省南京市河西新城区（建邺区）突出绿色生态城市建设目标，突出智能迅捷社会治理导向，突出现代高端智慧产业集聚，以智慧城市理念融贯城市建设、治理和发展。

辽宁省沈阳市沈河区将全区有效的系统资源数据，实时相互交换与共享，整合城市管理、社会治理和公共服务资源，打造基于网格化管理的公共服务平台，促进了管理效能提升和服务模式创新。

甘肃省兰州市探索提升民生服务“虚拟养老院”模式，发挥市场配置资源的作用，大力整合资源，创新社会管理，建立社区居家养老服务体系。

广东省广州市番禺区强调“四化同步”，提出“一个协同、四个民生、N个服务”措施，以智慧民生服务促进基层社会治理能力现代化。

山东省寿光市突出“以人为本、产城融合、均衡发展”理念，用智慧的方法推进规划布局、产业发展、城乡建设、生态文明、民生平安和党的建设六个一体化配套联动，探索形成城乡一体均衡发展措施。

广东省佛山市乐从镇坚持“产业支撑城市、城市提升产业”的产城融合理念，以产业链为抓手，促进企业转型，以总部经济为核心，助力产业智慧升级。

湖南省长沙大河西先导区进行机制体制创新，完善投融资机制，由企业搭建城市建设运营、两型产业投资、金融控股和资本运作三大平台，走出了一条政府引导、企业市场化运作、以市场为资源配置决定性因素的新城智慧发展之路。

河北省秦皇岛市将智慧城市建设作为推进产业转型升级、提升政府公共服务、实现社会治理现代化的重要抓手，创新“企业投资建设，政府购买服务”模式，以城市公共信息平台为应用基础，在公共服务、社会管理、产业发展等方面探索政府公共服务提质增效的新措施。

贵州省贵阳市按照“统一标准、兼顾各方、资源共享”的原则，整合各相关部门的现有资源，建立市、区数字化城市管理信息平台与社区网格化管理信息平台相互联网的三级信息平台，探索出适应新型社区服务管理需要的网格化管理新模式。

吉林省四平市以市场主导资源配置为指导思想，以系统思维为核心，以创新融资为手段，解决城市安全、交通、管理、规划等各种民生问题，以期实现城市各类要素均衡化、协同化运行。

上述探索案例有个共同的特征，就是地方城镇将战略规划、市场监管、公共服务、产业发展、民生事务与社会资本的管理效率、技术创新进行有机的结合，尽力厘清政府与市场的边界，积极提升政府的法制意识、契约意识和市场意识，进而提高社会治理能力和公共服务水平；在新型城镇化建设过程中，以求达到政府、市场、社会等多元主体之间的各自定位和良性互动，使我国新型城镇化可持续地发展。

我们将尊重基层首创精神，鼓励对智慧地发展城市的探索创新和试点先行，凝聚各方共识，实现重点突破，通过对不同城市和小城镇的探索、思考、建设的深度观察，研究、总结最有建设性的实践经验，不断探索我国新型城镇化推进措施的多样性和可行性，努力按照党中央和国务院部署的治国方略，积极智慧地推进新型城镇化科学发展。

住房城乡建设部建筑节能与科技司

2014年3月31日

目　录

以智慧城市建设为主线　实施“土地向规模经营集中、农民向城镇集中”　推进城乡一体化

——舞钢市创建智慧城市探索实践..1

坚持一张好的蓝图干到底　构建生态、生产、生活相协调的智慧小镇

——无锡市阳山镇创建智慧城市探索实践..15

智慧引领　转型发展　探索智慧城市建设的浦东经验

——上海市浦东新区创建智慧城市探索实践..25

全模式服务管理系统的实践和思考

——北京市朝阳区创建智慧城市探索实践..36

夯实生态之基　聚焦智慧产业　打造现代化、国际性人文绿都中心区

——南京市河西新城区（建邺区）创建智慧城市探索实践..................................48

以人为本　打造基于网格化管理的智慧城市公众服务平台　提升基层社会治理能力

——沈阳市沈河区创建智慧城市探索实践..60

大力整合资源　创新社会管理　提升民生服务

——兰州市创建智慧城市探索实践..72

抓智慧民生服务 促基层社会治理能力现代化

——广州市番禺区创建智慧城市探索实践……83

以人为本 产城融合 均衡发展

——寿光市创建智慧城市探索实践……97

产城有机融合 城市智慧升级

——佛山市乐从镇创建智慧城市探索实践……115

政府引导 市场主导 开启新城智慧发展之路

——长沙大河西先导区创建智慧城市探索实践……128

企业投资建设 政府购买服务 促进政府公共服务提质增效

——秦皇岛市创建智慧城市探索实践……140

抓网格化管理 促智慧城市建设

——贵阳市创建智慧城市探索实践……149

系统思维 创新融资 推进新型城市建设

——四平市创建智慧城市探索实践……161

以智慧城市建设为主线　实施“土地向规模经营集中、农民向城镇集中”　推进城乡一体化

——舞钢市创建智慧城市探索实践

【摘要】近年来，舞钢市作为河南省城乡一体化试点市，以科学发展观为统领，以智慧城市建设为主线，从新型农村社区建设切入，把推进城乡一体化作为经济发展、体制创新和结构调整三位一体的最佳载体，确立了“实现城乡一体、打造中原明珠”的奋斗目标，坚持产业为基、就业为本、以城带乡、产城互动，实施土地向规模经营集中，农民向中心镇、中心社区集中举措，倾力打造“138”工程，即一个运营中心、三个支撑平台、八个应用项目，走出了一条新型城镇化的新路子。全市经济社会发展水平不断提高，发展后劲显著增强，人民幸福指数大幅提升，各项社会事业得到了快速发展，被河南省确定为首批扩权县市、对外开放重点县市，获得中国优秀旅游城市、国家园林城市、国家卫生城市、中国十大最具幸福感城市、中国冶铁文化之都、中国水灯文化之城、杰出绿色生态城市、中国体育休闲旅游城等诸多荣誉称号。

一、背景

舞钢市是1970年开发建设、1990年撤区建市的新兴现代化工业生态旅游城市，地处豫中腹地，总面积646平方公里，山区、丘陵、平原各占三分之一，总人口32万，辖8个乡镇、5个街道，共190个村、24个城市社区居委会。相对而言，舞钢市有四大特点。一是自然资源丰富。全市已初步探明地下矿产资源50多种，尤其是铁矿石储量达10亿吨，是全国十大铁矿之一。二是生态环境怡人。龙泉湖与凤鸣湖珠联璧合，环抱城区，城市建设依山傍水，山水林城融为一体。三是产业特色鲜明。已形成了“一黑一白一绿”的钢铁、纺织、旅游三大优势互补、并驾齐驱的特色产业体系。四是历史文化悠久。境内有多处仰韶文化、龙山文化遗址，大批出土文物见证着舞钢厚重灿烂的历史文化。这里春秋时为柏子国，战国时属韩，自古为冶铁重地，以生产利剑而闻名，龙泉、合伯宝剑即产于此，冶铁文化在中国乃至世界冶铁史上都占有重要的地位。

二、问题

党的十八大提出了到2020年全面建成小康社会的奋斗目标。小康社会，不是某些人的小康，而是所有人的小康，不仅仅是城市人的小康，也包括农村人的小康。同时，小康社会不单指一个经济指标体系，还包括社会的全面发展和进步。实现全面建成小康社会最根本的、最核心的、最难的也都在农村，“三农”问题得不到有效解决，城市居民的收入再高，农民收入普遍低下，也不可能实现全面建成小康社会的奋斗目标。习近平总书记在中央农村工作会议上强调，中国美，农村必须美，中国强，农业必须强，中国富，农民必须富。李克强总理在中央新型城镇化会议上指出，推进城镇化，核心是人的城镇化，关键是提高城镇化质量，目的是造福百姓和富裕农民。因此，“三农”问题能否得到切实有效的解决，关系到全面建成小康社会目标能否如期实现。所以如果没有发达的农业作支撑，就没有全面小康社会稳固的物质基础；如果没有农村经济的全面繁荣，也就没有国民经济的持续、快速、健康发展；如果没有农民的普遍小康，也就没有全国的全面小康。目前，农村的生产力水平不高，农民生活水平比较低，就河南而言，一亿多人口，六千万人居住在农村，还有五千万人尚未摆脱贫困；农村社会事业的发展长期滞后，教育文化和医疗卫生条件亟待改善；城乡和地区发展不平衡，城乡差距和地区差距仍有扩大的趋势。改革开放以来，我国经济社会发展取得了巨大成就，综合实力大幅增强，广大农村也发生了深刻变化，城乡关系、工农关系明显改善和进步。但随着工业化的快速推进，城乡发展出现了持续失衡的状态。这种失衡状态不仅使我国农业弱质、农民弱势、农村滞后的格局得到强化，而且影响了社会稳定发展和广大农民积极性的提高，从而影响整个国民经济的效率。舞钢市不仅面临着全国共性的问题，而且受自身工业结构单一、“一企独大”的因素影响，经济社会发展呈现出工农分割、城乡分离的二元结构格局。舞钢市因矿建厂，因厂设市，以企命名，工业结构表现为重型化、大型化特征，经济发展为“嵌入式”而非“根植式”，舞钢公司发展壮大，与当地经济尤其是农村经济难以有效地耦合嫁接在一起，导致工农分割、城乡分离的二元结构格局尤为明显。同时，随着经济社会快速发展，各类用地供求矛盾尤为突出，农业产业化调整没有空间，工业结构调整项目落不了地，城市建设举步维艰，城乡居民增收缺少途径，农村住房建设自发无序，土地闲置浪费，农村公共基础设施配置较难。城镇扩容、工业发展、农民增收、农村环境改善的呼声越来越高。

基于此，舞钢市把工作重点放在了农村，在新型农村社区建设上进行了大胆有益的探索。把新型农村社区建设作为统筹城乡发展的结合点、推进城乡一体化的切入点、促进农村发展的增长点、加强社会管理的创新点、拉动内需的带动点，着力增强新型农村社区建设在新型城镇化发展道路上的战略基点作用。可以说，舞钢市以新型农村社区为战略基点的新型城镇化建设，不仅是从自身发展实际出发作出的重要选择，更是新形势下经济社会发展的客观要求和农民群众的强烈呼声，是破除工农分割、城乡分离二元格局，促进城乡统筹发展的必由之路。

三、措施

从2009年开始，舞钢市从新型农村社区建设切入，把推进城乡一体化作为经济发展、体制创新和结构调整三位一体的最佳载体，确立了“实现城乡一体、打造中原明珠”的奋斗目标，坚持产业为基、就业为本、以城带乡、产城互动，实施土地向规模经营集中、农民向城镇集中举措，推进城乡一体，加快新型城镇化步伐，探索出了一条“三化”协调、“四化”同步发展之路。

其核心内容是：坚持以产兴城、依城促产，把推进新型城镇化与产业集聚区建设有机结合，着重通过产业再造密切工农之间的联系，实现互动发展；通过减少农民、增加市民，让更多的人在大工业领域实现就业，分享更多的工业化成果；通过土地流转，推进产业化经营，实现现代农业大发展。一方面加快特色产业集聚区建设。按照“规模大、竞争力强、成长性好、关联度高”的原则，规划建设产业集聚区，“上延下伸”，壮大钢铁、纺织产业链，打造优势产业集群，加快新型工业化步伐，创造更多的就业岗位，带动更多农村人口有序转移，为新型城镇化、新型农业现代化提供产业支撑。另一方面在产业基础较好的地方，优先规划建设新型农村社区，加快城镇化步伐，把农民从土地上解放出来，就近聚居到新型农村社区，通过城乡建设用地增减挂钩政策，整合集约土地等资源，为新型工业化发展提供用地保障和产业工人，使农民彻底转变生活方式和生产方式，过上城市里的生活。同时，通过农民生产生活方式的转变，推动土地流转，把土地从农民手中解放出来，进行规模化经营，最大限度地提高土地效益，推动现代农业的快速发展。

特别是2013年，舞钢市被确定为国家智慧城市试点市后，以此为新的契机，城市发展重点由“建”转为“建管并重”，将发展的目光盯在智慧城市的建设上，用智慧城市的理念、标准和方式引领城市发展。经过广泛调研，充分听取各方面的意见，确定建设智慧城市的总体思路是：坚持“四化同步”，推进“产城一体”，强化项目支撑，突出创新驱动，倾力打造“138”工程，即：一个运营中心、三个支撑平台、八个应用项目，努力实现基础设施完善、智慧应用效果突出、引领辐射作用明显的目标。

一个中心，就是建设智慧城市运营中心。建设一座面积5000平方米的标志性工程——智慧大厦，对各类公共基础数据进行整合，实现数据采集、处理、更新、互联、分析、共享等操作，满足智慧城市建设的各类需求。三大平台，就是城乡公共信息平台、电子政务一体化平台、城乡公共安全应急服务平台，其中的城乡公共安全应急服务平台要求对全市90%以上的公共场所实现视频监控，而目前不足80%，各系统数据尚未实现互通共享。八大系统，就是智慧新型农村社区服务系统、智慧旅游服务系统、智慧医疗服务系统、智慧城管系统、智慧环保系统、智慧教育系统、智慧综合监管系统、智慧产业综合服务平台。

舞钢市坚持以促进土地向规模经营集中、农民向城镇集中为着力点，以产业集聚区、龙凤湖旅游度假区建设为支撑，以行政新区、商务中心区建设和旧城区改造为途径，积极构建“城区—镇区—新型社区”三级城镇体系，着力破解钱从哪里来、人往哪里去、粮食怎么保、民生怎么办“四大难题”，在“三化”协调“四化”同步的发展道路上迈出了坚实的步伐。

1.加快土地向规模经营集中，切实转变农业生产方式。舞钢市先后制定出台了《农村土地使用权流转工作实施意见》等一系列文件，建立健全了土地流转经营平台、制度机制和扶持政策，积极引导种植大户、农民专业合作社、家庭农场、农业龙头企业等参与土地规模流转，并根据舞钢市农业产业规划，在保证常年粮食播种面积不少于45万亩、全年粮食产量不低于15万吨的前提下，因地制宜发展林果、花卉、中药材等特色高效产业，着力打造农产品生产基地和农业生态旅游观光园。同时，大力发展农产品精深加工，延长产业链条，提升农产品附加值。目前，已培育了瑞祥现代农业示范园区、农天薯业万亩红薯生产加工园区等地市级以上涉农龙头企业24家，各类农民专业合作组织132家，带动农户1.8万户，其中瑞祥农牧公司已在天津股权交易所正式挂牌上市。2013年，全市新增土地流转面积1.3万亩，全市累计达到14.3万亩，占耕地总面积的44.6%，参与流转农户近3万余户，占农户总数的44.8%，亩均效益是原来的3倍左右，有效提高了农民人均纯收入，为城镇化奠定了坚实的基础。

2.加快农民向中心镇、中心社区集中，切实转变农民生活方式。根据区域特点、人口分布、文化特色、历史底蕴、资源优势等条件，将全市190个行政村、834个自然村、

1421个村民组整合规划为4个中心镇、17个中心社区，确立了“一个中心城、四个中心镇、十七个中心社区”的新型城镇化发展布局，并按照“文化、生态、宜居、特色”的要求，配套完善基础设施和公共服务设施，不断提升中心社区的文化内涵和公共服务水平。以智慧社区建设为切入点，逐步在新型农村社区建立视频监控系统、智能家居系统、社区便民服务设施、社区便民服务和老弱病残信息服务系统等，打造新型智慧社区的新亮点。2013年，全市新建社区新民居2300套，累计达到8968套，累计开工建设新型农村社区15个，已有9000多人搬迁入住镇区、社区新居。目前，全市城镇化率已达51.2%。

3.积极推进产业集聚区建设，为新型城镇化建设提供强有力的产业支撑。按照“四集一转”和“三规合一”、“产城融合”的要求，围绕“一高一主两辅”的产业定位（即以高新技术产业为先导，以钢铁产业为主，机械制造、纺织服装为辅），突出主导产业、龙头带动、培育集群和产城互动，以招商引资为抓手，以基础设施和工业项目建设为重点，全力推进产业集聚区建设。截至目前，产业集聚区固定资产投资累计完成162.3亿元，入驻企业达到43家，建成区面积达到6.02平方公里，已吸纳从业人员3.48万人，生态环境优美、基建水平一流、服务体系完善、综合功能齐全的特色品牌产业集聚区已初具规模。产业集聚区建设，既为新型农村社区建设提供了强大的资金支持，又为入住社区居民提供了充足的就业岗位，推进了新型城镇化进程。如，六合苑社区在建设中得到了产业集聚区内安钢舞阳矿业公司的支持，企业支付入住社区居民土地复耕费用、搬迁安置费用等4600多万元。九龙山社区和龙湖社区在建设中得到了中加公司的支持，企业为入住社区居民支付土地复耕费用、搬迁安置费用、社区基础设施建设费用2亿多元，促进了社区建设。同时，产业集聚区的建设为社区群众提供了充足的就业岗位，目前已吸纳3个社区1200多人就业，下一步产业集聚区可将3个社区内有劳动能力和就业意向的群众全部吸纳进来，有效促进农民就业增收。

4.积极推进龙凤湖旅游度假区建设，提升第三产业吸纳农村劳动力就业能力。依托境内得天独厚的旅游资源，抓好智慧旅游服务系统建设，体现舞钢市“山、水、林、城”特色旅游资源，兼顾现有业务资源现状，统筹规划各类信息终端，在现有基础上进行深度开发和资源整合，建设“旅游管理综合平台”和“智慧旅游运营中心”，为游客、主管部门提供景区实时状况信息。规划了占地17平方公里的龙凤湖旅游度假区，启动了影视产业园、养生养老产业园、文化创意园和国际会议中心“三园一中心”项目，力争到“十二五”末完成投资100亿元，把龙凤湖旅游度假区打造成为全省乃至全国知名的旅游度假胜地，带动第三产业发展，吸纳农村劳动力就地转移就业。

5.积极推进城乡一体化示范区建设，实现城市提质扩容。智慧城市不仅要有强大优势产业支撑，更要有适宜人居和创业的完善设施、完备功能和优良环境。为此，舞钢市按照智慧城市建设理念，着力把行政新区与商务中心区建成城乡一体化示范区。在行政新区建设方面，规划了占地5平方公里的行政新区，并把行政新区建设作为推进以新型城镇化引领“三化”协调科学发展的重要举措和重点工程，采取土地置换等市场化运作模式，筹集社会资金加快建设。舞钢市行政新区以政府行政服务为中心，集行政服务、教育、商务、文化于一体，是全省唯一一家省政府批准建设的县级行政新区，修建性规划和单体建筑设计分别由同济大学规划设计院和清华大学规划设计院完成，与河南建业集团进行战略合作，由中建七局承建。目前，党政办公楼、会议中心即将交付使用，区内路网、加压泵站、污水管网、绿化工程等基础设施建设正在稳步推进。在商务中心区建设方面，科学规划，着力打造舞钢市的商业商贸汇集中心、商务服务聚集中心、城市管理行政中心和对外交往展示窗口。目前，占地100亩、总投资10亿元、建筑面积约30万平方米的商务中心区核心区海文国际金融中心正在建设。

6.积极推进旧城区改造，不断提高城市品位。按照智慧城市水准超前完善城市功能设施，提升城市品质，打造一流的宜居宜业环境，增强城市竞争实力。从规划入手，抓好智慧城管系统建设，建设覆盖公共交通、市政设施、地下管网、社会安防和污水雨水排水实时信息监测系统，实现城市管理由人动全部转化为机动的目标。制定出台了《舞钢市城中村改造实施意见》，把城中村和旧城区划分为47个开发单元，按照“政府主导、统一规划、连片开发、公开透明”的原则，坚持高起点规划、高质量建设，稳妥有序推进城中村改造。全国全省著名企业恒大集团、建业集团等品牌房地产公司相继入驻舞钢，掀起了高标准、高水平改造旧城、打造现代化精品城市的帷幕。目前已启动9个单元的旧城改造项目，2013年全市完成房地产投资12.9亿元，新开工36.5万平方米，主体完工45.5万平方米。

四、成效

一是破解了建设用地难题，探索出“三化”协调科学发展的突破口。新型农村社区建设能够有效整合村庄、土地、人口、产业等要素，从而实现土地的集约节约利用，有效破解了保护耕地硬性要求与经济发展建设用地刚性需求的矛盾，促进了“三化”协调科学发展。例如，在产业集聚区建设中，把临近产业集聚区的铁山乡六合苑中心社区确定为产业集聚区发展的土地增减挂钩试点，将区内的6个行政村、35个自然村的农民全部向六合苑中心社区集中。该社区规划面积750亩，安置人口1万人，可置换出村庄占地2700余亩用于产业集聚区项目建设。位于产业集聚区北区西侧的九龙山社区，规划面积1200亩，建成后可容纳1.2万人入住。仅一期工程就可节约用地922亩，全部建成后可节约用地1600亩。产业集聚区南区群众集中搬迁安置社区龙湖社区，规划占地1391亩，可安置居民1.2万人，计划把产业集聚区南区内柏庄、郜林、水田、岗李4个村整体搬迁，可为产业集聚区冶金工业园区提供1120亩的建设用地挂钩指标。通过城乡建设用地增减挂钩政策，3个社区全部建成后可为产业集聚区提供5400多亩的建设用地指标，不仅为产业集聚区建设节约了大量建设资金，创造了良好的用地条件，而且拓展了产业集聚区发展空间，实现了城乡土地资源的优化配置，提高了用地的综合效益。

二是改变了农民的生活方式，实现了农民过上城市人生活的强烈愿望。新型农村社区是推进城乡基础设施一体化和公共服务均等化的载体。通过路、水、电、气等基础设施的构建和垃圾、污水处理以及金融、超市、医院、通信等公共服务功能的配套完善，实现公共设施向农村延伸、公共服务向农村覆盖，彻底改变千百年来农村脏乱差的状况，"晴天一身土，雨天两脚泥，垃圾靠风刮，污水靠蒸发"的状况彻底成为历史，农民不出家门就过上了城市人的生活。如，发展特色旅游业的张庄社区，36户居民中有30户依托毗邻石漫滩水利风景区的优势，从事农家乐、特色农产品销售、农家旅馆等旅游产业，一排排白墙灰瓦的两层小楼连绵于青山脚下、绿水之畔，被参观者誉为"千年楼宇梦，一朝都市人"。

三是转变了农民的生产方式，实现了农民大幅增收的目标。农民集聚到新型农村社区之后，把自己承包的土地以出租或入股的方式，流转给专业公司、种田大户或家庭农场，不仅能够获得一份稳定的土地租金收入，而且土地流转后农民还可以就近在土地上打工，成为农业产业工人，获得打工收入；或者通过接受就业培训，在社区二、三产业务工，农民真正从土地上解放出来，"居住新社区，就业家门口"，增加工资性收入。按照产业分类，舞钢市新型农村社区主要分为四种类型。(1)新型现代农业型。如，瑞祥社区依托瑞祥农牧股份有限公司发展畜牧业、高效种植业，农民把土地全部流转给瑞祥农牧公司，之后在瑞祥农牧公司打工，就地转化为农业工人，每人月收入2000多元，加上土地流转每亩每年700元的固定收入，超过了城镇居民的收入水平。(2)新型工业带动型。如，六合苑中心社区依托产业集聚区发展工业企业，农民通过土地入股有一个长期稳定的收入，每亩土地年入股收益不低于2200元，劳动力就地转化为企业工人，人均月收入1800元，超过了城镇居民的收入水平。又如，依托产业集聚区建设的九龙山社区、龙湖社区，农民入住社区后，可根据个人意愿和产业集聚区的产业需求，经过有针对性的职业技能培训后，就近到产业集聚区务工就业。六合苑社区、九龙山社区、龙湖社区3个社区全部建成入住后，可向产业集聚区输出高素质产业工人6000人以上。(3)新型商贸流通型。柏都社区依托地处舞钢、西平、遂平三县（市）交界处商贸物流比较繁荣的区位优势，规划建设了5万平方米的高档商铺，发展家装、灯具专业市场，吸纳1000多人就业，入住新型社区的农民直接转化为商人，或从事运输业，或在商贸企业打工，人均收入大幅增长。(4)新型旅游服务型。张庄社区每家每户依托自然资源优势，发展特色旅游服务业，都办有农家乐项目，户均收入10万元左右，高者可达数十万元。

四是带动了社会治理创新，促进了农村社会和谐。新型农村社区建设形成了现代化的农民生产生活聚集区，为适应社会发展需要，必须进行社会管理创新，逐步实现村民自治向居民自治转变，实行城乡一元化管理体制。另外，每个社区一般都是一定范围内村庄的集中，传统的农村亲情乡情文化得以传承，再加上现代化的管理服务，农民集中到社区之后，制约农村和谐稳定的两大突出矛盾——宅基地纠纷和家族势力的禁锢被彻底打破，促进了社会和谐，农村社会稳定的基础更加牢固。2013年，张庄中心社区被授予“全国民主法治示范社区”称号。

五是优化了资源配置，初步推进了公共服务均等化。通过新型农村社区建设把分散的村庄进行聚集，有利于整合多方资源集中投向社区，优化资源配置。如在教育资源配置上，国家规定每20～25名学生配备一名老师。由于当前农村生源少，每个村一所小学，每个班级一般只有10余人，但是每所小学至少需要10～20名老师，既造成了教育资源的浪费，农村学生又难以享受到更高质量的教育。目前丰台、六合苑等已建成的社区，都配备了20名以上的教师，集中了财力、师资，既优化了教育资源，又改善了办学条件，提高了教学质量，促进了城乡教育公平。在警务管理上，按照规定，农村地区每1000名村民配备1.07名民警，由于当前实际警力有限，分散的村庄不可能达到每个村都能配到正式民警，但集中到社区之后每个社区都配置了3～5名民警，设立了警务室，有效保障了村民生命财产安全，解决了警力不足问题。又如医疗卫生资源的配置，农村地区每1000名村民应配备1.2名医生，但由于医疗条件有限，农村医务人员、医疗水平、设备均达不到规定的标准，无法提供优良的医疗服务。集中到新型农村社区后，每个社区配置4～6名专业医务人员，设立了社区医务室，并集中配备了完善先进的医疗设施和较高水平的医务人员，有效解决了农村医疗水平低和看病难、看病贵问题。

建设智慧城市是立足舞钢发展实际，顺应发展趋势，着眼舞钢长远发展、绿色发展、科学发展作出的重要战略选择。加快推进智慧城市建设，是时代赋予的历史使命。我们一定要抢抓机遇、主动作为，加快智慧城市建设步伐，让老百姓实实在在地感受到智慧城市的魅力，使他们的生活质量更高、办事效率更快、幸福感更强。

五、经验

工作中，舞钢市坚持了“四三二”工作法，即坚持“四个原则”制定“三项政策”、构建“两大保障体系”，保证了新型城镇化的扎实有效进行。

（一）四个原则

一是高起点规划、高标准建设原则。以规划为龙头，聘请清华大学规划设计院、同济大学规划设计院、重庆大学规划设计院等国内一流规划设计单位中业绩一流的规划设计人员，按照“产”、“城”一体化定位，高起点、高标准科学编制新型城镇化建设和经济发展“两个规划”，实现产业发展和城乡一体化建设“一张图”规划，并按规划严格实施。坚持做到不在没有规划的地方建房子，不建没有经过设计的房子，高标准配套完善基础设施和公共服务设施。在建设中高度重视建设质量，对中标建筑单位、监理单位资质进行严格审查把关，采取政府职能部门监管、社会监视、企业自控、社区干群参与监督的办法从建筑材料、施工等环节严把工程质量关，确保群众住上放心房。在规划建设中心镇和中心社区时，着重完善公共基础设施，不仅广场游园、健身器材、供水排水、垃圾污水处理等基础设施配套完善，而且学校、幼儿园、卫生室、超市、农家乐、警务室等公共服务设施一应俱全，建成社区均配备了较高素质的专业服务人员，为入住群众提供与城市社区一样的公共服务，促进公共服务均等化。新型农村社区以良好的品位和质量、优美的生态、完善的设施、优质的服务以及低容积率、低密度等优势，极大地增强了群众入住的积极性。通过推进农民向城镇和社区集中，基本破解了人往哪里去的难题，加快了城乡一体化进程。

二是节约集约用地原则。在推进新型城镇化过程中，严格贯彻落实节约集约用地原则，按照土地利用总体规划，把经济社会发展规划、城乡建设规划、产业集聚区规划、基础设施建设规划等全部叠加到土地利用总体规划上来，实现了土地规划与中心镇、中心社区规划的有机衔接。并利用城乡建设用地增减挂钩试点政策，节约集约利用土地，使全市190个行政村占地由原来的7.11万亩缩减到规划后的2.78万亩，可腾出土地4.33万亩，节约土地61%。如，尹集镇张庄中心社区原村占地1100亩，新规划占地510亩，节约土地590亩。利用城乡建设用地增减挂钩政策把节约的用地指标一部分用于社区经济的发展，大部分可调剂用到中心城区及产业集聚区建设。为确保增减挂钩项目的顺利实施，对项目区进行严格管理，市委、市政府与各乡镇签订目标责任状，确保搬新必须拆旧。居民在入住社区新房前，必须把原宅基地交还村集体，并限期拆除旧房后兑现市乡奖补资金，确保复耕到位，确保耕地质量不降低、面积不减少，确保粮食稳产高产。2009年以来，全市共审批增减挂钩项目17个，使用周转指标2348亩，拆旧区复垦面积2430亩，用于新型农村社区1497亩，节约用地指标933亩。同时，积极推动土地向规模经营集中，培育壮大龙头企业，大力发展现代农业，促进土地规模化集约化经营，实现农业增效、农民增收。以上措施的实施，既满足了发展用地需求，又实现了耕地面积不减少、质量不降低，确保粮食稳产高产，基本破解了“土地哪里来”和“粮食怎么保”的难题。

三是产业为基、就业为本原则。在推进新型城镇化进程中，产业支撑是关键。舞钢市始终坚持经济发展规划与城镇建设规划“两个规划”同步推进，依靠产业发展来实现农民人口转移、充分就业、收入增长的目标，提升城乡建设的内生动力。为推进农民身份的转变，着重加大农民转岗就业培训力度，提高农民素质，拓宽就业领域。同时，指导每个中心镇、中心社区依托自身优势和传统，至少培育1～2个支柱产业，靠支柱产业来实现农民充分就业、收入成倍增长的目标。为培育产业，在土地流转项目区，整合涉农项目资金集中使用，重点发展高、新、特、优土地流转项目。大力扶持发展农民专业合作社，对农民专业合作社扩大再生产贷款给予70%的财政贴息；对年销售额达到1000万元以上、常年吸纳社区居民就业50人以上、与社区居民签订用工合同两年以上的涉农龙头企业，市财政一次性给予30万元奖励；每年出资500万元，设立社区居民自主创业基金，扶持社区居民自主创业。在新型农村社区规划建设中合理设置就业安置区，吸引中小企业进区建厂。同时，创设保洁、管护、家政服务、物业管理等公益性就业岗位，吸纳社区居民就地就业。强有力的产业支撑，保证了社区农民搬得进、稳得住、能发展、可致富的目标的实现。

四是群众自愿原则。坚持以群众自愿和群众满意作为新型农村社区建设的出发点和落脚点，充分尊重农民意愿，注重典型引导，量力而行，尽力而为，不搞一刀切，不搞强迫命令，靠优美的环境、优惠的政策、优质的服务引导群众自愿入住新型农村社区。农村社区新建住房分配公开透明，严格入住农民资格审查，除部分商业用房外，全部由本乡镇农民入住，并按成本价出售给农户。为妥善安置孤寡老人等特殊群体，农村社区配套设置建设老年公寓等，群众入住新型农村社区的积极性日益高涨。

（二）三项政策

一是土地收益反哺政策。通过城乡建设用地增减挂钩政策，将节余指标产生的级差收益反哺农村，实现城市支持农村，工业支持农业，统筹城乡发展。将新型农村社区土地挂钩指标节余部分的50%由乡镇、社区自主运作，其收益又全部投入社区建设；中心城区集中使用的指标，按一定的收益比例返还用于新型农村社区基础设施和公共服务设施建设。2009年以来，舞阳市采用不同形式的商业运作模式，共筹措资金1.1亿元用于新型城镇化建设。

二是财政奖补政策。市财政每年拿出不低于5000万元新型农村社区建设专项资金，对农户在中心镇、中心社区内建房购房给予一定资金奖补；对社区基础设施和公共服务设施建设资金按照1：1进行奖补。2009年以来，市乡两级财政投入2亿多元。

三是项目资金扶持政策。将涉农部门争取的各项惠农政策、资金、支农项目资金，按照性质不变、渠道不乱的原则，进行整合，打捆使用，集中投向新型农村社区。已整合各项涉农资金1.3亿元，提高了资金的聚合效应和使用效益。落实单位帮扶、企业援建政策，引导社会力量、吸纳近10亿元社会资金支持新型农村社区建设。充分利用城乡建设投资公司等融资平台，以乡镇为主广泛进行社会融资，目前已融资1.5亿元。同时，金融部门认真落实支持新型城镇化建设信贷方案，探索新的信贷形式，积极拓宽信贷渠道，筹措近亿元资金，用于新型农村社区建设和农业产业项目。

（三）两项保障体系

一是组织领导保障体系。成立“三化”协调科学发展指挥部，书记、市长任政委和指挥长，下设办公室，并建立联席会议制度，一周一调度，一月一观摩，协调解决工作中遇到的困难和问题。实行四大班子领导联系新型农村社区建设工作责任制，书记、市长带头分包新型农村社区建设示范工程，既确保了推进的速度，又确保了推进的质量。为充分发挥基层组织在社区建设推进过程中的作用，制定出台了《舞钢市关于建立健全新型农村社区建设管理工作机制的意见》，建立了社区管理机构，成立正科级规格的社区党委和管委会。先后组织11000余名党员参与了“百日攻坚大会战”、“百名党员大搬迁”、“千名干部大帮扶”活动，新型农村社区党组织作用发挥很明显，成效很突出。

二是城乡一体的社会保障体系。实行全覆盖无缝隙的城乡居民养老保险、医疗保险，实现农民老有所养、病有所医。探索户籍制度改革。对入住新型农村社区的居民，根据本人意愿可转为非农业户口，享受城镇居民相应的医疗、低保、养老、就业等待遇。当城镇户口待遇标准低于农村户口待遇标准时，按照就高不就低的原则，可继续享受农村待遇标准。转为非农业户口的社区居民可保留原有土地承包经营权，可继续享受农村的计生政策、民政优抚和救助政策及其他的农村各项优惠政策。通过户籍制度改革，入住新型农村社区的居民均可自由选择自己的“身份”并能享受到更为优越的待遇保障，缩小因“身份”带来的城乡差别。实行土地确权，办理房产证。为入住社区居民进行住宅用地审批，颁发土地使用证，办理房产证，允许社区内居民住宅用地进行流转，允许社区居民房屋所有权在一定范围内进行转移，社区居民房屋可以转让、出租或抵押。通过土地确权房产办证，农民有了合法的资产性收入。出台了入住社区居民以房屋产权抵押贷款的办法，允许以农村土地承包经营权抵押贷款和以新型农村社区住房抵押贷款，金融部门在同期同档基础上下调4个百分点，市财政给予70%的贷款贴息，进一步扩大了新型农村社区有效担保物范围，改变长久以来农民土地能种不能用、房屋能住不能用的现状，为入住社区居民扩大再生产拓宽了融资渠道。目前，已为尹集镇张庄中心社区居民利用新型农村社区住房进行抵押贷款331万元，有效解决了他们实施创业融资渠道狭窄的难题。

舞钢市市委书记：高永华

舞钢市市长：白立凡

舞钢市智慧城市创建工作行政责任人：孔阳　舞钢市委宣传部部长

舞钢市智慧城市实施管理办公室：舞钢市住房和城乡建设局

点 评

点评人：张文奇（教授　中国城市规划设计研究院）

舞钢市具有自然资源丰富、生态环境宜人的优势，但也面临着工业结构单一、各类用地供求矛盾突出的问题，农业产业化调整没有空间，工业结构调整项目落不了地，城市建设举步维艰，城乡居民增收缺少途径，农村住房建设自发无序，土地闲置浪费，农村公共基础设施配置较难。针对这些问题，舞钢市坚持产业为基、就业为本、以城带乡、产城互动，以特色品牌产业集聚区建设为支撑，科学规划建设新型农村社区，明确加快新型城镇化步伐，以新型农村社区为战略基点开展新型城镇化建设，破除工农分割、城乡分离二元格局，促进城乡统筹科学发展。

舞钢市智慧城市建设的核心内容是：坚持以产兴城、依城促产，把推进新型城镇化与产业集聚区建设有机结合，着重通过产业再造密切工农之间的联系，实现互动发展；通过减少农民、增加市民，让更多的人在大工业领域实现就业，分享更多的工业化成果；通过土地流转，推进产业化经营，实现现代农业大发展。另外加快特色产业集聚区建设。按照“规模大、竞争力强、成长性好、关联度高”的原则，规划建设产业集聚区，壮大钢铁、纺织产业链，打造优势产业集群，加快新型工业化步伐，创造更多的就业岗位，带动更多农村人口有序转移，为新型城镇化、新型农业现代化提供产业支撑。

舞钢市突破就城镇化论城镇化的狭隘视角，推进新型城镇化从解决产业问题和镇村建设入手，邀请国家顶级规划单位按照“产”、“城”一体化定位，高起点、高标准科学编制新型城镇化建设和经济发展“两个规划”，实现产业发展和城乡一体化建设“一张图”规划，并按规划严格实施，取得明显成效。

农业方面：加快土地向规模经营集中，切实转变农业生产方式，有效提高了农民人均纯收入，为城镇化奠定坚实的基础。

镇村建设：加快农民向中心镇中心社区集中，切实转变农民生活方式。舞钢市将全市190个行政村834个自然村、1421个村民组整合规划为4个中心镇、17个中心社区，确定了“一个中心城、四个中心镇、十七个中心社区”的新型城镇化发展布局，实现了农民搬得出、稳得住、能发展、可致富的目标。

工业和服务业方面：建立产业集聚区，为新型城镇化建设提供强有力的产业支撑。舞钢市始终坚持依靠产业发展来实现农民人口转移、充分就业、收入增长的目标，提升城乡建设的内生动力。同时，积极推进龙凤湖旅游度假区建设，提升第三产业吸纳农村劳动力就业能力。依托境内得天独厚的旅游资源，抓好智慧旅游服务系统建设，体现舞钢市“山、水、林、城”特色旅游资源，把龙凤湖旅游度假区打造成为全省乃至全国知名的旅游度假胜地，带动第三产业发展，吸纳农村劳动力就地转移就业。

坚持一张好的蓝图干到底
构建生态、生产、生活相协调的智慧小镇

——无锡市阳山镇创建智慧城市探索实践

【摘要】无锡市阳山镇是以桃业闻名天下的苏南现代新市镇。在新型城镇化发展大潮中，阳山镇针对规划布局、环境污染、农业改革、村庄整治、产业提升等问题，以构建以人为本，生产、生活、生态相协调的智慧小镇为目标，以“规划引领发展，生态决定未来”为理念，以“生态宜居、特色农业、休闲度假和文化养生”为特色，坚持一张好的蓝图干到底，重视并坚持“规划先行”、“多规融合”，实施三次产业全面转型，实行土地信托模式下的土地流转、创新多元资金投入模式、空间优化模式。近年来，阳山镇地区生产总值年均增长14%，财政收入年均增长23%。2013年，阳山镇农民人均纯收入达到23060元，比无锡市平均水平高出2600元，户均存款超18万元，为无锡市最高的乡镇。阳山镇探索出了生产、生活、生态相协调的“阳山经验”，成为长三角地区乐活智慧小镇建设的名片。

一、背景

江苏省无锡市阳山镇地处江南水乡，南临太湖，北靠京杭大运河，历史悠久，人文荟萃，经济发达，环境优美，水陆交通便捷，旅游资源丰富，全镇总面积44平方公里，下辖12个行政村、2个社区居委会，户籍人口4万人，总人口6万人。2008年以来，实现地区生产总值年均增长14%，全社会固定资产投资年均增长30%，财政收入年均增长23%。阳山是一个拥有众多发展优势的美丽城镇。

（一）优越的区位优势。地处长三角核心区域，距上海、南京、杭州等大中城市均在2小时车程之内，整体经济社会发展水平较高，人民群众对物质文化生活水平的要求较高，尤其是随着锡宜高速公路的开通以及地铁、城际高铁的规划到位，立体化的交通网络使得阳山区位优势越加凸显。

（二）良好的生态优势。全镇绿化覆盖率达到68%，湿地水域广阔，是无锡版图上一块绿色翡翠，堪称天然氧吧。阳山镇因其“三月花海、七月桃香”的独特景致，成为了无锡特色农业和特色旅游的一张名片。

（三）显著的品牌优势。阳山镇是我国四大传统桃产区之一，拥有被《华尔街日报》称为“世上最美味的桃子”——阳山水蜜桃，曾先后获得“中国名牌农产品”、中国驰名商标等称号。阳山水蜜桃集中种植区获得“2012年全国地理标志产品保护示范区”称号。阳山水蜜桃的种植水平和效益已成为江苏省高效农业的典范。

（四）领先的产业优势。阳山70%的生态高效农业用地、13%的城镇建设用地、10%的道路交通用地和7%的工业用地是独一无二的发展优势，也符合中央和省市的发展导向，这样的开发建设强度在无锡市所有镇中是最低的，与此同时，一二三产比例为10：57：33。

（五）深厚的文化优势。阳山拥有百年书院、千年古刹、万亩桃林、亿年火山的资源禀赋，2009年获批为省级火山地质公园。2012年成为全国发展改革试点小城镇、“一村一品”示范村镇，江苏省省级旅游度假区、特色景观旅游名镇。2013年获得全国“美丽乡村”称号。

二、问题

20世纪90年代初，伴随着改革的热潮，阳山乡镇企业异军突起，主导产业以传统工业为主，农业以水蜜桃种植、销售为主。2004年初，原阳山镇与陆区镇合并成为新的阳山镇，原来陆区的水稻田逐步改种水蜜桃。十多年粗放式的发展，到2007年，阳山发展过程中的五大方面问题凸显出来。

一是规划布局乱。由于长期忽视对全镇功能的布设，全镇14个村（社区）过去绝大部分农民都种桃，桃农们绕田建房，散布在桃园田里，村庄多、房屋乱。两个镇区功能不清晰，没有规律。工业项目遍地开花，村庄中有工厂，房屋隔壁有工厂，街上也有工厂，用地混乱，秩序混乱。

二是环境污染重。因一味追求工业的数量和GDP，环保和集约利用土地观念淡薄，桃园和村庄中工厂遍布，仅味精厂、陶瓷厂、化工厂、电镀厂、养猪场等高污染企业就有30多家，烟囱林立，河道发臭，工厂噪声不断，环境污染问题变得异常严峻。

三是农业面临难题。由于千家万户分散种植管理水蜜桃，而一户桃农几亩田可能零散分布在十几个不同的地方，先进的种植技术难以推广；水蜜桃上市后出现恶性竞争，冒牌产品不断出现，阳山水蜜桃的品牌得不到很好的保护，品质更是无法保证，桃农“卖桃难”，收益不增反减，得不到保障；此外，阳山桃农年龄基本在50岁以上，年纪轻的人不会、也不愿意种桃，桃农普遍“断层”；同时，桃树种植的年限迫使桃林面临大面积更新。

四是村庄拆迁问题。这是一直困扰阳山的难题，很难决断。拆迁，工作难做，还要花去大量的资金，农民的土地征用后究竟做什么用处、搬出的农民是否一定能生活得更好，是个问题；不拆，好的规划没有办法实施，好的环境没有办法实现，保留村庄究竟可以发挥什么用处，也是个问题。

五是产业层次低。首先是农业。水蜜桃种植面积从原来的几百亩猛增到近万亩，由于种植能力和技术水平跟不上，水蜜桃品质差，产业低端。另外，工业企业档次偏低，亩均产出当时只有60.1万元。此外，阳山有桃林、火山、水系、温泉、书院、古寺、古街、古村等丰富的自然人文历史资源，当时过于注重单个景点的打造，没有系统地将这些元素优化整合串联起来，休闲度假旅游产业处于起步初级阶段。

三、措施

为解决上述五大问题，关键是要抓好“顶层设计”，绘制一张符合自身发展的蓝图。2008年，阳山镇党委、政府就开始着手改革，积极谋划如何走出发展困境，如何富民强村兴企，如何形成自己的特色，寻找一条发展的“新路子”，提出了“美丽阳山”宣传口号，坚定了“规划引领发展，生态决定未来”的理念，实施三次产业全面转型，围绕“生态宜居、特色农业、休闲度假和文化养生”四个特色，把阳山建成一个生产、生活、生态相协调的乐活小镇。按照这个思路，为了这张蓝图，采取了五个方面的措施：

（一）一张好的蓝图干到底，必须先解决好规划布局乱的问题

阳山镇是无锡市率先进行全域整体规划、功能片区划分的乡镇之一。2008年以来，着眼于发展的整体性、持久性、高效性，以规划指导建设，真正做到“规划先行”。

1.多规融合，确立方向。按照“精准定位、精细设计、精心实施”的原则，先后系统编制了《阳山镇总体发展规划》、《阳山镇土地利用总体规划》、《阳山新市镇控制性详细规划》等重要规划，在布局结构上，将全镇划分为桃区（农业区）、景区（旅游

度假区）、镇区（商业行政区）、园区（工业配套区）四个功能板块。2011年，阳山镇专门请国外一流设计公司编制完成了《阳山生态休闲旅游度假区规划》，着力构筑形成“静享”田园慢生活、“境享”品质度假和“精享”乐活魅力三大板块。根据城乡一体化发展的新要求，无锡市启动实施新一轮乡镇总体规划，2013年11月，《无锡市惠山区阳山镇总体规划（2013～2030）》编制完成，最终确立了阳山未来发展的总体方向。

2.细致到位，布局合理。作为全国发展改革试点小城镇的阳山成为第一个“吃螃蟹者”，规划明晰，符合发展导向，并覆盖到全镇的每一寸土地，每一寸土地都在规划指引下使用，每一栋建筑都在城市设计的指导下建设，每一个项目都在创意规划的引领下推进。阳山的规划已由“平面”转化为“立体”，围绕省级生态休闲旅游度假区一个中心，采用新农村建设与城镇化推进相结合两种模式，根据各个村庄区位、特色、规模、经济发展等差异性，把全镇12个行政村、2个社区、213个自然村划分两类发展方向，即农业生产与旅游度假。工业园区将分期分批整合分散于各村内的零散企业，建设绿色工业产业园区，发挥工业的规模效应和产业支撑作用。根据规划，到2030年，镇域建设总量减少、中心镇区人均建设用地面积大幅下降、景区建设总量下降、乡村地区总量与人均建设用地面积一定量减少，从而实现土地的节约化利用。

3.按照规划，阳山将形成五种生活形态。到2030年的阳山总规绘制了一幅建设“乐活”小镇的蓝图，最终阳山会形成五种生活形态。（1）“东部片区”：作为试点，将分散的村民合并进入中心村，形成“农村集中型”生活形态。（2）“南部片区”：对符合条件的村庄进行包装改建，形成以民俗和文化创意为主要业态的“度假型”生活形态；农业规模经营后，形成以合作社为主要业态的“农场化”生活形态。（3）“西部片区”：对规划保留的村庄进行包装整治，形成原汁原味的“原生态型”生活形态。（4）“北部片区”：以田园东方综合体项目为核心，形成独具风情的“悠闲田园型”生活形态。（5）“中心镇区”：以高档楼盘、养生社区、安置小区为主体，形成人口聚集、商业繁华、设施完善的“现代化型”生活形态。

（二）一张好的蓝图干到底，必须实行环保优先战略，解决环境污染重的问题

2008年以来，始终坚持实施“差别化”发展战略，宁可慢发展、不发展，也要保生态、保环境，严守太湖一、二级保护区生态红线，“让居民望得见山，看得见水，记得住乡愁”。

1.淘汰落后的产业。从源头上减少污染，下决心关闭污染严重的工厂（养殖场）。

执行比国家标准更加严格的地方消耗、环保标准，包括消耗、环保准入标准和运行标准，充分利用经济和行政双重手段规范企业排污行为，使企业不敢违法、不想违法、不能违法。对单位产值能耗超过规定平均水平的企业进行限期整改，对整治无效的坚决实行关、停、并、迁，确保万元GDP能耗下降4.2%以上，万元规模工业增加值能耗下降5%。同时，减少农业面源污染。减少传统种养殖业。累计关闭或搬迁“三高二低”和“五小”工业企业32家，退出生猪养殖30户，农业生产用房整治面积达3万平方米。

2.打好水污染治理硬仗。建立“河长制”管理办法，把人和河道挂钩，责任在人。加大投入水处理项目，共投入5亿元，铺设污水管网近百公里，新建污水处理厂，实现生活污水管网和点源治理全覆盖，生活污水处理率达90%以上，工业污水处理率达100%。同时逐步引导原水稻田发展水蜜桃种植，提高绿化覆盖率，全镇绿化造林面积年均新增800亩。

3.抓好生态修复工程。积极探索对滨河岸线、基本农田、水体湿地、自然山体等稀缺资源的保护与利用，投入8000多万元对境内的2座山体进行全面复绿。通过大刀阔斧的农业改革和景观开发，形成一片浓郁而又独特的生态景区，描绘一幅“以水为纲、以山为体、以绿为本、以文为脉”的自然清新画卷。

（三）一张好的蓝图干到底，农村土地改革是一个绕不过的弯

早在2011年初，针对水蜜桃产业面临的众多问题，阳山提出了农业综合改革，通过“土地流转”进“合作社”的方式，实施农业适度规模化经营。当时，由于国家和地方都没有出台过相关的政策和文件，故这一做法反对的呼声远超支持者，来自各方面的压力极大。为此，阳山镇领导每天到桃农家去做工作，隔三岔五召开桃农代表会议征求意见。为慎重起见，还专门到农业部学习农业规模化经营知识，最终得到了专家和权威部门的认可，确认阳山水蜜桃适度规模化经营是切实可行的，并且肯定了“农场制”这一说法。

1.土地流转，实施规模化经营。2011年4月，阳山镇正式启动了水蜜桃产业规模化经营的改革试点工作。以个体、集体等方式成立形式多样的合作社，在桃农自愿的基础上，将土地流转给大户进合作社，统一集中种植管理和经营。桃农继续保留土地承包权，出让土地经营权，获得土地租金和土地收益分红。适度规模经营后，通过合作社先进的种植技术、完善的设施设备和丰富的管理经验，水蜜桃效益得到了很大提升，销售渠道也大大拓宽。目前，全镇水蜜桃适度规模经营面积比例已达90%以上，已成立合作

社77家，申办家庭农场12家，其中职业桃农周维兴家成为无锡首批官方认定的20个家庭农场中的一员，他也变成了名副其实的“家庭农场主”。

2.创新土地流转模式，成功实行土地信托模式下的土地流转。2013年11月，阳山镇桃园村与北京信托公司合作，实施了江苏省首个土地流转信托项目。该项目采取了“土地合作社”+“专业合作社”的双合作社设计，桃园村233家农户自愿以承包地股权入股成立桃园土地股份合作社，将158亩土地以信托方式委托北京信托公司管理运营，专业合作社接收后，按照园林化标准，对道路、绿化、水利设施等进行改造，全部种上新桃树。5年后的盛产期，预计年均产出1200公斤，每年可实现150万元左右净利润。以市场化的办法，引入北京信托公司，实现桃树更新换代，解决种桃后继有人的问题，是新形势下运用市场机制开展的一次土地流转方式的创新。土地信托模式下的土地流转将带来土地要素的优化配置和经营效率的大幅提高，农民、土地经营者都会得到由土地集中带来的集约化生产效益和土地增值的利益。从长远的角度来看，伴随着城镇化的进程，必然带来土地的加速流转。而土地信托能够发挥信托制度的优势，促进土地有序、高效流转，在这一模式中，最大受益者将是农民自己。

3.探索农村宅基地流转途径。2013年10月份，阳山镇还提出了农村宅基地入市试点工作，通过村级合作社进行产权确权登记，按照自愿的原则将村民的住宅通过合作社招租出去，镇政府统一安排适用房租给村民。通过这种方式，村民的宅基地变成了资产，同时又能得到租金的差价收益，“死地”变成了“活钱”，资源变资本变资产，破解了土地流转的“瓶颈”，最大限度地激活农村土地资源。

（四）一张好的蓝图干到底，以人为本，村庄调整是一道过不去的坎

村庄的调整涉及房屋拆迁、农民被征地、土地种植等一系列问题。通过近年来的摸索，严格按照规划，通过镇村联动推进、村落连片推进、区域整体推进，对自然分布的村庄分别采用“搬、整、包”三种处理模式，对原来过于分散的村落进行合理调整，对原来密度过大的村庄通过“减法”来稀释，形成“桃园深处有人家”的意境。在此过程中，充分尊重民意，与村民达成共识，还组织村民代表到上海、浙江、苏州等地参观学习，转变思想。

按规划“搬迁”分散、破旧村庄和企业。搬迁涉及14个行政村（社区）、173个自然村，累计搬迁住宅3250户，非住宅93家。实行土地换社保、房屋换保障性安置房的“双置换”模式，投入13亿元解决1.6万失地农民社保，全镇社保覆盖率达60%以上，建成了

130万平方米的保障性安置小区用于搬迁后进“镇”的农民。

选择性“整治”环境较差的村庄。通过自然环境生态化保护和人居环境功能化改造，大幅提升了村庄环境面貌。出台《“美丽乡村、幸福家园”共同缔造行动纲要》等纲领性文件，将政府主导性与群众参与性相结合，增强社会互动，按照群众参与“决策共谋，发展共建，建设共管，成果共享”的“四共”要求，营造良好氛围，促进村庄整治水平不断提高。镇政府还设立“以奖代补”基金，按照“四共”的要求，进行考核验收奖励，并优先奖励群众参与度高、村级积极性大、社会管理实施好的自然村。目前，村庄整治达标率为100%，农田水利现代化水平为90%。

针对性“包装”富有特色的保留村庄。统筹考虑城镇化和农村特色保留问题，根据科学规划，优化提升村镇功能结构和布局。出台《关于鼓励发展“农家乐”休闲旅游业的试行办法》，提出以乡村农庄或农户家庭为基本单位，按照房屋原址、原高度、原面积的原则改建兴办农家乐，形成“户户有就业、家家有产业”发展模式。因此，美丽乡村建设不仅仅是涂脂抹粉，更可致富于民。

（五）一张好的蓝图干到底，产业转型升级解决了产业层次低的问题

多年来，阳山始终把产业转型作为提升整个经济社会发展的支撑和动力，着力推动三大产业间的互补，在转型发展中扩大先发优势，在内引外联中递增比较优势，加快形成产业良性互动发展格局。

1.一三产业相互结合。阳山是“中国水蜜桃之乡”，也是江苏省的省级旅游度假区，生态高效农业为阳山的第三产业提供了最佳的基础。“春赏花，夏品桃，秋打鱼，冬沐浴”是大美阳山、幸福桃源的美丽画卷。阳山依托自身的自然生态资源，打造成苏锡常都市圈的融生态、休闲、度假、养生于一体的特色“后花园”，为长三角地区展示了一张闪亮的名片。通过大刀阔斧的农业改革、景观开发和生态建设，为游客提供更为全面的观光、休闲、度假配套设施和高质量的综合服务。近年来，阳山自驾游游客比例逐年攀升，2013年水蜜桃自驾游销售占水蜜桃总销售的30%，使得水蜜桃销售克服了自然气候的减产和团购减少的不利因素，确保农民减产不减收，成为周边品牌农产品中的典范。真正做到 “建设一个景区，带动一条游线，提升一块产业，繁荣一片经济，富裕一方百姓”。

2.二三产业相互融合。重点抓好起重装备产业园和机电产业园两个特色园区的发展，同时引导传统产业转型升级，并向2.5产业发展，坚持走集群化、高新化的“两化”之路。

3.可持续发展充分体现。阳山的城镇化决不一味追求城镇化率的提高，而是遵循“决不能一边高楼林立，一边棚户连片”原则，更多的是体现人与城镇的和谐融洽，体现生产、生活、生态相协调的可持续城镇化。

四、成效

五个措施解决了五个问题，同时也取得了五个成效，“三农”问题基本得到解决。

1.农民更加富有了。一是不愿意种桃的，土地流转后，租金从原来的800元/亩一下子提升到4000元/亩，村民股金收益大大增加，并且还可以被聘请做种植技术工人，月工资2000～7000元。二是愿意继续种桃的，成为职业化农民，原来自己种田，承包土地后现在变成了“农场主”，规模集约经营后亩均纯收益比原来提高1000元左右。三是变种桃为“租树”的，通过桃树认养，按1500元/棵的标准租赁，亩均收益将达到6万元，销售翻倍增长，并且水蜜桃销售都可以不进市场。2013年，阳山镇农民人均纯收入达到23060元，比无锡市平均水平高出2600元，户均存款超18万元，为无锡市最高的乡镇。

2.生态更加优美了。绿化覆盖率从原来的46%提高到68%，无锡市PM2.5最低值检测点设立在阳山镇，河道断面水质基本达到二类标准，拥有野生鸟类43种，野生树木200多种。全镇90岁老人有174位，其中百岁以上老人3位，比例达到中国长寿之乡的标准。

3.农业更多元化了。从单一的卖“桃”，到卖“休闲”、卖“文化”、土地流转、租“树”，以一个桃产业延伸出现代农业与生态休闲、文化旅游、农村土地、现代科技等相结合的多元化发展。为此，桃产业得以延伸，桃品牌得以保护，桃品质得以保证，桃科技得以推广。建成我国第一个智能农业物联网监测水蜜桃种植基地。

4.乡村更加美丽了。农村环境得到有效的改善，农村文化得到很好的保护，村民文明素质得到较大的提高，村民参与社会管理的积极性大幅提升，村民幸福指数有了根本性的改变，农村变成了宜居之地，形成了管理有序、设施齐全、治安良好、环境优美、内涵丰富、文化气息浓郁的美丽乡村。全镇有3个“中国好人”；2013年，桃源村被授予“中国最具魅力休闲乡村”称号。

5.产业结构更加优化了。农业实现了高效，包含了生态农业、旅游农业、科技农业；工业企业通过转型升级，亩均产出比2007年提高了182.5万元，达到242.6万元；第三产业服务业比重连年攀升，年均接待游客量超过100万人次，第三产业服务业对财政的贡献率达40%以上。

五、经验

阳山通过近年来各项改革的不断深入推进，取得了一些经验和教训，“乐活小镇”建设纵深推进，总结出了“坚持把一张好的蓝图干到底”的成功经验。

6年前提出了“美丽阳山”建设，3年前提出了“土地流转”、农业适度规模经营的概念，十八届三中全会前，阳山又提出了“农村宅基地流转试点”。实践证明，这些做法都很好地符合了中央推进新型城镇化的战略方向，也都取得了很好的成效。阳山靠的就是“坚持把一张好的蓝图干到底”这一经验，朝着建成生产、生活、生态协调的乐活小镇目标不断前行。

一个“一年四季皆风景，山环水绕桃花源”的阳山，从自身实际出发创建智慧小镇，顺应中国新型城镇化发展态势，抢抓机遇、主动作为，加快智慧城镇建设步伐，让老百姓实实在在地感受到智慧小镇的魅力，让他们的生活质量更高、幸福指数更强。

无锡市惠山区阳山镇党委书记：吴立刚

无锡市惠山区阳山镇镇长：袁漪韬

无锡市智慧城市创建工作行政责任人：朱爱勋　无锡市副市长

无锡市智慧城市实施管理办公室：无锡市住房和城乡建设局

点 评

点评人：杨崇俊（研究员　中国科学院遥感与数字地球研究所）

经济与社会持续地协调发展，是任何一个经济体的永恒主题。多年来，全国各地不断地探索适合当地实际情况的路子，不同的地方有不同的实践。对于那些具有令人羡慕的区位优势、文化优势、经济优势的地方，应当如何让经济与社会持续地协调发展呢？江苏省无锡市阳山镇为此提供了一个很好的回答。

阳山镇首先确定了以人为本，生产、生活、生态相协调的经济与社会持续协调发展的总原则，这就为本地绘制了一张好的可持续发展蓝图，并坚持一张好的蓝图干到底，不断探索出适合当地实际情况的经济与社会持续协调发展的具体措施。

生产、生活、生态涉及方方面面，首先需要规划。要实现生产、生活、生态协调发展，就必须解决规划布局不清晰等问题。阳山镇非常突出地重视并坚持“规划先行”，具体措施就是“多规融合”，在编制《阳山镇总体发展规划》、《阳山镇土地利用总体规划》、《阳山新市镇控制性详细规划》、《阳山镇智慧城镇顶层设计规划》等重要规划时，注意各类规划的有机衔接，多规融合，将规划由“平面”转化为“立体”。

在此基础上，阳山镇又突出地做了三大方面的大胆改革探索。第一是实现农村土地有序流转。搭建农村合作社平台，推动土地所有权、承包权、经营权三权分离。第二是实现产业融合发展，将现代高效农业发展与农业旅游发展相结合，将工业转型升级与特色园区建设融合，形成第一、第三产业相互结合的发展格局。第三是推行建设项目市场化、投资主体多元化，实现多元投入，解决小城镇建设的资金投入问题。

有了一张适合当地发展的好蓝图，又有坚持一张好的蓝图干到底的决心和相应的措施，经济与社会也就自然持续地协调发展了。

智慧引领　转型发展
探索智慧城市建设的浦东经验

——上海市浦东新区创建智慧城市探索实践

【摘要】上海市浦东新区作为国内智慧城市发展战略的先行区域，在住房和城乡建设部与上海市相关部门关心指导下，充分发挥中国（上海）自由贸易试验区、国家综合配套改革试点的政策优势，瞄准新型城镇化过程中的新问题和新挑战，以智慧引领模式变革为主线，突出以民为本，在政府平台化创新、城市立体化管理、民生精细化服务、产业融合化发展等方面先行先试，快速推进智慧政务服务从“以政府为中心”向“以公众为中心”的服务模式转变，推进智慧城市管理从平面化向立体化的管理模式转变，推进智慧民生服务从单向推送向多方互动的服务模式转变，推进以产用联动和融合创新为核心的产业创新发展模式。通过在智慧城市领域的创新实践和先行先试，浦东新区在顶层设计、信息协同共享、政社合作共建、惠民示范引领、产用联动等方面逐步探索和凝练出具有浦东特色的智慧城市发展路径和推进模式。2010年和2011年，浦东新区连续荣获“中国城市信息化卓越成就奖”，并在2013年中国社科院牵头的全国智慧城市发展第三方评估中位列第二名，标志着浦东新区在智慧城市建设领域取得阶段性成效，初步形成了具有示范引领效应的智慧城市建设浦东经验。

一、背景

浦东新区位于上海市东部，面积1210平方公里，常住人口500多万，2012年地区生产总值5929.91亿元。近年来，浦东新区实现了经济社会高起点、跨越式的发展，正在全力打造“四个中心”核心功能区、战略性新兴产业主导区、国家改革示范区。2013年浦东又迎来发展新机遇，中国（上海）自由贸易试验区正式挂牌成立。浦东新区正在产业转型升级、城市创新发展上显示出更加重要的先行先试和示范引领效应，在政府职能、服务业、总部经济和新型贸易业态、金融业等领域继续为我国扩大开放和深化改革探索新思路和新途径，更好地为全国服务。

2009年，浦东新区提出了建设智慧城市初步构想，2011年在上海市率先推出《智慧浦东建设纲要（iPudong 2015）》、《推进智慧浦东建设2011～2013年行动计划》，提出了智慧浦东建设核心任务，即“3935战役”和118个重点项目，聚焦推进适度超前的基础设施建设、惠民利民的应用体系建设、智慧产业化和产业智慧化，形成了较为完善的智慧城市建设顶层设计，取得了积极成效。

信息基础设施建设较为领先。近年来，浦东新区通过着力推进城市光网升级、无线城市完善和配合市推进三网融合等三大计划，逐步形成了以“光网+无线”为主的城市网络体系，逐步形成“无处不在的网络”，智慧的信息基础设施架构基本形成。光网覆盖率已达到185万户，实际固定带宽已达13M，基本建成覆盖全区的3G网络，基站总数6339个，建成公共区域WiFi场所2508个，并推动在浦东68个公共区域（医院、公园、图书馆、文化中心等）向公众开放“iShanghai”免费WiFi。有线电视数字化改造用户数97万户，NGB用户数97万户，IPTV为34万户，移动用户数为441万。

智慧应用体系建设初具特色。通过在电子政务、智慧城管、智能交通等方面实施的一批信息化项目，逐步构建起较为完善的智慧应用体系，探索形成了以高效、惠民为特征的管理和服务模式。电子政务体系进一步丰满，平台化政府建设初显雏形；城市管理更加精准高效，城市自我管理运行能力不断提升；公共服务更加贴近百姓诉求，行政管理和为民服务效率进一步提升。智慧浦东建设成效已经被最广泛、最基层的市民所感知、体验和应用。

智慧产业助推产业发展转型升级。以智慧产业化、产业智慧化为目标，推动智慧产业和其他产业融合创新发展。目前，软件和信息服务业已成为新区新的支柱产业和上海市举足轻重的重要产业基地，2013年实现营业收入约1950亿元；电子信息制造业继续成为支柱产业，2013年实现产值约2500亿元；电子商务、云计算、物联网等一批新兴融合创新产业呈现快速发展态势，正成为支撑和引领产业未来发展的重要领域。

保障体系日臻完善。成立了区委区政府主要领导牵头的智慧城市建设领导小组，引导和撬动了大量社会资本投入。成立了上海浦东智慧城市发展研究院和智慧城市建设专家委员会，在国内率先发布了《智慧城市评价指标体系》。率先启动智慧社区试点，在10家街镇开展社区服务、城市管理、居家养老等领域的应用试点。从组织领导、共享协同、投入模式、研究咨询、宣传推广等方面基本形成有效的智慧城市环境保障体系。

二、问题

随着新型城镇化建设的深入推进，以智慧城市建设促进城市转型升级和创新可持续发展面临新的挑战。

信息孤岛成为阻碍政府服务效率提升的关键因素。浦东新区信息化建设起步较早，基础扎实，但以“跨部门、跨领域、跨行业共享和协同难”为代表的政府协同共享问题突出，一些部门认识还存在误区，尤其是对信息化的“纯部门论”、“纯工具论”、“纯基础设施论”还很有市场，使得信息孤岛现象难以消除。

粗放式的城市建设模式已落后于城市创新可持续发展需求。公共交通难、能源消耗大等成为浦东新区城市功能进一步优化提升的掣肘，如何在城市建设和运营中有机融入更加智慧化、精细化、高效化的管理理念，是浦东智慧城市建设需要首要考虑的内容。

传统的民生服务模式成为制约市民幸福感提升的重要因素。浦东新区处在上海这个拥有全国一流医疗资源的城市，看病难问题更为突出。农村医疗存在服务单一、医疗水平不高、医疗资源欠缺等问题，农村居民和地区的基本医疗需求和医疗资源都有待满足和提高。为让市民有幸福和归属感，很多民生服务，如医疗、养老等还需要更创新的服务理念和模式。

产业后续发展乏力考验浦东产业融合创新水平。信息产业是浦东新区支柱产业之一，一直具有比较优势，但近年来信息产业，尤其是软件信息服务业增长已现颓势，占上海市比重由2010年的54.5%降至 2012年的48.3%，产业后续发展乏力迫使浦东必须尽快寻找到促进信息产业创新发展和转型升级的核心发力点。

三、措施和成效

浦东新区智慧城市建设的发展目标是以国家战略为己任，聚焦创新驱动转型发展、加快政府转职能效能和城乡二元结构这“三个着力点”，以智慧城市建设为重要抓手，建成“数字化、网络化、智能化、互动化、融合化、开放化”合一的城市运行体系，基本实现智能、协同、高效、安全的城市运行管理体系，基本建成普及、便捷、城乡一体化的市民生活环境，努力培育信息化与工业化高度融合、战略性新兴产业快速发展、企业发展环境健康和谐的产业支撑氛围，达到“基础设施高度覆盖、产业发展高度生态、应用体系高度发达、民众生活高度和谐”的智慧城市发展新阶段，成为国内智慧城市建设的先导区域和示范区域。

浦东新区积极开展智慧城市创新实践。经过几年的努力，信息基础设施处于全市领先水平，城市光网、3G网络基本实现全覆盖；围绕电子政务、城市管理、惠民服务、智慧产业等智慧城市核心建设领域，推进了近200个信息系统建设，每年推出政务服务、城市管理、新技术的应用三类十大示范应用项目。特别是成为国家智慧城市试点城市以来，浦东新区坚持需求导向、问题导向和项目导向，在智慧政府服务、智慧城市管理、智慧民生服务、产业融合发展等方面形成了创新特色，取得了突出成效。

（一）智慧政务服务：以政府为中心向以公众为中心服务模式的转变

浦东新区长期致力于构建具有“透明化、互动化、协同化、参与化、个性化”特征的平台化政府，着力推动以资源开发利用为主线的信息服务整合，以业务为重点的办事协同，以公众为中心的多渠道服务，以互联网思维积极探索推动以政府为中心的管理型政府向以公众为中心的平台化政府转变，加快推动新区服务模式转变。

基于中台构架的协同化电子政府——平台化政府的大脑。当前浦东新区电子政府具体为前台（对外服务）、中台（数据交换）和后台（业务支持）三大板块，形成了前台受理、中台交换、后台协同办理的“前、中、后台”政务协同机制，目前已实现202个部门应用单点登录整合，34个应用系统数据集中交换，为25个部门部署了办公自动化系统，并提供了统一邮件、统一短信服务、统一用户目录服务等基础应用。

浦东新区电子政府的特色在于：平台化政府的大脑——“中台”，其主要功能为“衔接、交互、承载”，实现各系统之间的各类数据和信息的交换，缩短企业及市民的审批时间，提高政府办事效率，大大提升市民和企业对政务服务的满意度。

政务信息资源共享调度中心——平台化政府的神经中枢。浦东新区政务信息资源共享调度中心通过集约化建设、共享化应用，形成了目前新区政务信息资源的核心中枢。目前，浦东新区公共基础数据库已建成完善的人口、法人和地理信息基础数据库。三大数据库涵盖530多万人信息，覆盖率户籍人口99%以上，常住人口90%左右；涵盖20余万法人信息，覆盖率98%以上；涵盖120多个新区地理信息。目前三大数据库正在全区推广应用。

浦东新区政务信息资源共享的特色在于：不仅通过相关制度保障等软性约束手段推动各单位、各应用系统数据共享，还通过政务信息资源共享调度中心建设构建政务信息资源“自由流动、快速共享”的硬性通道，最大限度突破信息孤岛现象，为新区政府的信息共享、业务协同提供基础保障。目前，基本实现了数据全覆盖、跨部门协同共享，正在逐步探索社会化的开放利用。

行政审批一体化电子平台——平台化政府的实践。行政审批一体化电子平台是基于平台化政府的创新实践，基本建成以“前台一口受理、中台集中交换、后台协同办理、多种渠道反馈、全程透明可控”为特征的、条块协同的新一代电子政府行政审批平台，为企业提供一口受理、高效便捷的审批服务，为审批人员提供信息共享、业务协同的审批环境，为监察部门提供程序透明、全程可控的审批监管，实现了行政审批“办事最高效、程序最透明、服务最便捷”总目标。2014年1月，浦东新区人民政府成立上海市浦东新区市场监督管理局，承担原工商行政管理局、质量技术监督局、食品药品监督管理局的职责，政府利用目前的资源，在行政资源不扩大的情况下，进一步有效地转变政府职能，提升社会治理和服务的水平。

行政审批改革是平台化政府的重要实践和体现，其特色在于：通过政府内部的信息协同，尽量让企业“少跑一次路、少填一张表、少进一道门”，变“让企业跑”为“让数据跑”。如企业登记“三联动”实现了营业执照、组织机构代码证及税务登记证的“一口受理，一表登记，一次审查，一网流转，一次发证”，审批流程从原来的23天缩短至最快只需要4～5天，“企业登记三联动系统”入选《中国综合配套改革案例集》（第一卷）。

（二）智慧城市管理：从平面化向立体化的管理模式转变

浦东新区以构建更为高效有序的城市管理模式为目标，依托物联网、云计算等应用理念及技术成果，在交通管理、环境保护、信息数据库等方面突出创新特色，基本支撑起浦东新区数字化、网络化、移动化、互动化的城市管理新模式，推动城市管理从“平面管理”向“立体管理”转变。

智慧化的公交调度、服务新模式优化城市交通。浦东新区瞄准城市化进程中出现的城市交通难问题，在智慧城市建设框架下，将智慧公交作为重要内容，以打造更加环保、便捷、安全、高效、可视、可干预和可预测的交通服务体系为目标，着重关注公交精细化管理、车辆通行效率、交通流畅度、交通流量的优化和市民出行体验，在综合交通信息系统平台的基础上，通过建设包含公交地理信息系统和公交智能调度管理系统的智慧公交项目，逐步构建起立体互动公共交通管理系统。目前，浦东新区已实现将所有区属3000多辆公交车纳入集群调度系统，建成300多个太阳能智能公交站杆，市民可以在公交车站查看公交车辆实时位置信息。同时发布了掌上公交APP，为广大市民提供贴心的公交信息服务。

浦东新区智慧公交的核心特色可归纳为：“数据采集+综合调度（管理）+市民感知”的立体、互动公共交通管理体系。通过GPS、RFID、GPRS等对数据的实时采集和传输，实现以信息化平台为核心的公交车辆远程调度，实现公交实时运营数据的多渠道、多平台服务，为百姓出行提供便利精准的信息化服务，为公共交通运营体系的改善和指挥决策提供可视化依据，也为及时处置突发事件、增强社会治安防控能力提供有力的技术支撑。

能耗在线监测助力城市节能减排。城市发展中的环保问题是当前面临的又一重要挑战。浦东新区结合国家智慧城市试点中对楼宇节能的相关要求，从2012年底启动区级能耗监测平台建设工作。浦东新区能耗在线监测和管理平台主要定位于：采集存储浦东新区范围内机关办公建筑与大型公共建筑的能耗数据，并对数据进行处理、分析，为浦东新区楼宇能耗统计、审计等提供准确数据。目前浦东已有数十幢楼宇数据接入该平台中，未来几年将涵盖500幢楼宇。平台可对楼宇能耗（用电）进行实时监测，并对其进行分析处理，如数据对比、能耗组成分析、传输状态查询、建筑分部、能耗排名等，使用户可以直观地从不同角度查看本区建筑的用能水平、特点及变化趋势。

浦东新区楼宇能耗监测的核心特色为：有效整合信息技术和节能减排设施，实现楼宇节能信息获取的实时性、准确性、全面性，将城市运行的能源消耗实现实时监测。同时，通过对实时信息的分析挖掘，为后续楼宇节能监管和改造提供依据，在保证人们生活、工作的必要性和环境舒适性的前提下，有效降低城市能源消耗，以智慧化的手段助力打造更加绿色低碳的城市生活。

（三）智慧民生服务：从单向推送向多方互动的服务模式转变

浦东新区以亲民和便民为出发点，重点加强卫生、养老领域信息化建设，探索形成以便民为民为核心的精细化民生信息化公共服务应用体系，民生服务模式正逐步由单向推送向多方互动转变。

智慧医疗。在与居民生活息息相关的医疗方面，着重推进以居民健康档案、电子病历应用、实时医疗影像等信息整合和共享为核心的数字健康工程。2013年，浦东新区在前期建成的社区卫生服务信息系统、公共卫生信息系统等基础上，进一步扩容升级，全区63家公立医疗机构实现了信息互联互通，以及与市级卫生信息平台的对接，开通了智能提示、健康档案调阅等功能，通过医生工作站可进行居民健康档案的调阅以及重复用药、重复检验检查的智能提醒。同时，居民也可通过登录浦东卫生外网，查阅自己的卫生服务记录和健康信息。智慧医疗的推出，有效缓解了就医难、医患关系紧张等问题。

浦东新区智慧医疗体系的特色在于充分考虑一线城市医院系统人满为患、就医难的问题，以提升就医效率和实现信息共享互动为两个着力点，使医患之间的信息更为通畅和透明，运用信息化手段逐步减轻信息不通畅所致的各种医疗系统的疾患，为浦东新区城乡一体化实现优质医疗资源的城乡间共享。通过市民就医负担的缓解，逐步提升居民的幸福感和归属感，提升居民福祉。

智慧养老。“科技助老、智慧养老”被列为提高养老质量和水平的重要手段。浦东新区启动了区级科技助老信息平台建设，以老年人为主要服务对象，并向全区所有老年人口覆盖，建立了多层次专业服务团队和加盟商服务团队，将新区各街道、社区和社会组织以及其他社会资源纳入服务体系，为老年人提供紧急类救援服务及日常生活服务等，致力于打造 “没有围墙的养老院” 。据统计，目前浦东新区“安康通” 、“阳光”两类紧急呼叫装置已达2万台。同时浦东新区积极推进智慧养老的市场化合作机制，依托科技助老新产品的免费推广项目，加快推进“智慧养老”工程、老年居民远程应急救助系统、智能化为老服务管理平台和智慧养老体验馆等项目。

浦东新区智慧养老体系的特色在于多渠道、多方式开展智慧化养老服务，在壮大社区志愿者服务功能的同时，更加强调发挥社会化力量的积极性，多方参与，共同推动老龄事业健康稳步发展。在城市老龄化的背景下，考虑到公共养老设施供给总体不足、护理资源有限，开发探索居家养老和智慧养老的潜力，提升国民健康水平和生活质量。

智慧社区。以社区为核心的居民生活智慧化是智慧城区建设的重要组成部分，是市民感知智慧城市的重要体现。浦东新区率先在上海市推出了智慧社区试点，编制发布《浦东新区智慧社区建设指导意见》。经过两年多的探索，涌现出一批可供推广的成功应用案例并正在全区推广。例如，智慧社区卡，通过制定标准统一的智慧城市卡，将支付功能与社区应用功能融合，实现各种“卡”功能合一，方便居民使用，助力社区整体信息化消费网络的架构及建设；停车管理APP，在陆家嘴金融贸易区发布了停车诱导APP，可实时报送区域内停车场信息，可实时提供停车场的位置、收费、实时状态等信息查询互动，从而达到指引停车和缓解交通的目的；智能自助式快递箱，利用创新的物品暂存、凭密取件模式，让居民不出社区即可体验到人性化的自助服务，同时也保护了居民的个人隐私。这些智慧化应用，根据区域实际需求，目的在于提升社区管理、服务民生，促进智慧社区服务渗透到生活的方方面面，提高智慧城市建设体验度。

浦东新区智慧社区建设的特色在于：从居住环境到基础设施、从生活服务到文化娱乐、从治安秩序到人际关系等方面，以更加智慧化的手段，全方位改善社区管理与服务水平，尤其是侧重以感知化、智能化、平台化的手段提升社区管理模式，并通过主动服务推进保障和改善民生，促进基层社区管理服务从粗放管理型向精细互动型转变，达到推动社区和谐幸福的目标。

（四）产业融合发展：以产用联动、融合创新为核心的发展模式

在国内外区域竞争加剧和浦东信息产业优势弱化的形势下，浦东新区以智慧城市建设为契机，把握互联网经济和融合发展的新经济浪潮，以信息化和工业化融合为核心，推进智慧化应用和产业良性联动，实现信息产业和传统产业融合发展。

以政府投入为引导，促进产业融合发展。为促进信息产业和传统产业融合发展，为传统优势产业（如航运、金融、贸易、先进制造等）注入新的发展基因，并催生更多新业态和新模式，浦东新区逐步扩大了对产业融合发展的政府性资金投入力度，仅支持企业开展信息化建设的引导性资金就达到每年2000万元，近年来已引导企业增加信息化投入数亿元，有效地支撑了企业以信息化为核心的生产和经营模式变革。同时，2014年初还推出了促进软件和集成电路设计业发展的专项政策，鼓励和支持软件和集成电路设计向"高端又高效"发展。

以载体拓展为依托，打造新的增长空间。在浦东原有的陆家嘴软件园、浦东软件园空间基本饱和的基础上，进一步打造以智慧产业（主要是移动互联网、云计算、电子商务等新兴服务业态）为核心的临港软件园、川沙软件园，形成浦东新区推进智慧产业发展的新的空间载体。

浦东新区推动智慧产业发展的主要特色在于：以智慧城市试点建设为契机，以信息化和工业化深度融合为核心，围绕先进制造、航运、金融、贸易等浦东新区的重点产业领域，提升信息化融合发展程度，逐步形成具有特色的产用联动发展和融合发展模式，为浦东新区产业转型升级、实现"二次腾飞"提供助力。

四、经验

（一）注重形成顶层设计和多方共识

智慧城市建设和发展必须依靠强有力的领导保障、协同推进和智力支撑。为此，浦东新区成立了由区委书记及区长领衔的智慧城市建设领导小组，各委办局主要领导为成员，定期召开会议，统筹协调智慧城市建设中碰到的各类问题，从顶层设计的角度制定智慧城市发展规划和行动计划。同时，依托浦东新区智慧城市建设专家委员会和上海浦东智慧城市发展研究院，开展智慧城市建设领域的研究和讨论，为智慧浦东建设提供参考。此外，还通过编辑《浦东新区国家智慧城市试点工作简报》的形式，及时跟踪调研试点建设进展，凝聚各方共识。

（二）注重创新信息资源共享统筹机制

促进信息共享协同是智慧城市建设的核心任务之一。浦东新区以基于政务资源共享调度中心的“城市公共信息平台”建设为核心抓手，结合浦东新区实际情况，构建起“1+N”的两层城市公共信息协同的平台，既突出“城市公共信息平台”对智慧城市运营的核心支撑功能，也尽量考虑到不同领域信息平台（如交通、教育、电子政务等）存在现状和发展需求，避免“推倒性”建设的不利影响，以此迅速实现整个区域信息资源、应用体系的全面协同。

（三）注重打造政社合作PPP模式

在逐步加大政府财政资金投入的同时，更注重政府和社会合作共建的PPP模式，引导和鼓励社会资本投入。建立多元化、多渠道、多层级的智慧投融资体系，打造良好的投融资环境。据《推进智慧浦东建设2011～2013年行动计划》，浦东新区以不到20亿元的政府引导性投入撬动了近300亿元的社会资本投入。同时，梳理智慧浦东建设的优秀案例，遴选政府、民生、社会应用优秀示范项目，鼓励和发动企事业单位、优秀领军人才积极投身智慧浦东建设，进一步形成多方参与、共同建设的智慧城市建设模式。

（四）注重紧扣惠民示范引领

智慧城市的建设和发展离不了以人为本的惠民应用，只有真正实现惠民便民，智慧城市建设才有可持续性。因此，浦东新区以试点创建为契机，突出“GOV2.0”理念，积极推动以智慧社区为核心的智慧城区样板工程建设，重点在陆家嘴、塘桥、周浦等街镇推动与民生密切相关的智能交通、城市管理、民生服务等各类公共服务应用示范工程，形成一批最贴近民众生活感知的智慧城市单元载体，激发市民参与智慧城市建设的积极性。

（五）注重推进产用联动、协同发展

以“智慧产业化、产业智慧化”为目标，实现智慧化应用和产业转型升级间的联动发展，将智慧城市建设和发展引导成企业创新发展的重要机遇，不仅吸引更多与智慧城市建设相关的项目和企业关注浦东，更以智慧化的理念促进浦东新区相关企业实现转型升级。

上海市市委常委、浦东新区区委书记：沈晓明

上海市政府副秘书长、浦东新区区委副书记、区长：孙继伟

上海市浦东新区智慧城市创建工作行政责任人：朱嘉骏　浦东新区副区长

上海市浦东新区智慧城市实施管理办公室：浦东新区经济和信息化委员会

点 评

点评人：刘勇（研究员　国务院发展研究中心）

上海市浦东新区是我国设立的第一个国家级新区（副省级），也是国家综合配套改革试验区之一，是我国经济产业最发达的地区之一。浦东新区定位为国家金融中心、CBD中心、自由贸易区试点和高技术产业基地，在上海“四大中心”功能定位中具有举足轻重的地位。智慧城市的理念正好契合了浦东新区的高端定位，为浦东新区高起点、世界级水准的快速崛起提供了强有力的支撑。

智慧城市的理念在浦东新区建设中发挥的作用可以概括为智慧引领、转型发展，探索出了一条智慧城市支撑浦东新区世界一流、高端快速发展的“浦东模式”。该模式有如下几方面的经验值得介绍和推广。

一是智慧城市的信息基础设施架构起点高，并最大限度上突破了信息孤岛现象。高起点地建设了以“光网+无线”为主的城市网络体系，形成了“无处不在的网络”，在全国处于领先地位。在信息基础设施架构建设中，注意通过制度保障等软性约束手段和政务信息资源“自由流动、快速共享”的硬性通道，最大限度突破信息孤岛现象，更好地发挥“光网+无线”城市网络体系的作用。

二是智慧应用体系针对性强，取得较好的支撑效果。针对浦东新区金融中心、CBD中心、第一个自由贸易区所在地以及国家级高新技术产业基地的定位，大力推进智慧城市在金融、CBD运行、自贸区管理高效便捷化，以及进一步做强IT产业、大力促进产业的智慧化方面，做了许多开创性的工作，树立了智慧城市绿色、高效、智慧地服务于城市建设的形象。

三是高度关注通过智慧城市在提高政府办事效率和改善民生方面的支撑作用。浦东新区在智慧行政审批、智慧建筑节能监测、智慧公交调度、智慧医疗、智慧养老和智慧社区等方面都取得了良好的效果，有力地促进了这些领域效率的提高，初步展示了智慧城市的广阔应用前景。

全模式服务管理系统的实践和思考

——北京市朝阳区创建智慧城市探索实践

【摘要】北京市朝阳区通过八年多的实践，历经多年积累，开展了从数量化城市管理到数量化为民服务、数量化文明城区、全模式社会服务管理系统的一系列创新升级活动，逐步健全和完善了以政府为主导、社会为主体，以朝阳社会信用体系为支撑的数量化、智能化、科学化的全模式社会服务管理系统，探索了智慧城市建设的新方向。

一、背景

朝阳区辖区面积470.8平方公里，实有人口423万（其中常住人口251万，流动人口172万），下辖24个街道办事处和19个地区办事处，是北京市面积最大、人口最多的城区，朝阳区经济社会高速发展，2013年区级财政收入达到380亿元，同比增长9%；经济总量居北京市16个区县之首。

作为北京的城市功能拓展区，北京城市总体规划赋予了朝阳区“国际交往的重要窗口、中国与世界经济联系的重要节点、对外服务业发达地区、现代体育文化中心和高新技术产业基地”的功能定位。北京市对朝阳区城市规划的发展定位为：经济发展方式转变的示范区、建设世界城市的试验区、推进城乡一体化的先行区、促进社会和谐的模范区。北京市中央商务区（CBD）、鸟巢、水立方、奥运村坐落在朝阳。另外全市70%跨国公司总部、70%外资金融机构、70%外国媒体、70%境外驻京代表机构、70%涉外商务活动密集的高级宾馆均坐落在朝阳。

二、问题

随着改革的深入，城市管理现状与区域经济社会高速发展的情况、与城市现代化建设的情况不相适应，传统的城市管理模式已经不能适应朝阳区现代城市发展的需要，主要表现在五个方面。

一是城市管理理念落后。受传统理念影响，一提加强城市管理，首先考虑的就是要增加人力、物力和财力，面对城市管理问题通常采用的方式是头痛医头、脚痛医脚，运动战、突击战。

二是城市管理主体“越位”和城市维护主体、管理主体“不到位”。产权主体、维护主体履行法定责任不到位、社区协管和自治工作不到位、政府及其直管队伍一线工作人员履职履责不到位以及政府和社区对被管理主体的管理不到位，直接造成政府作为城市管理主体承担了一些完全应当由社会单位和社区承担的工作。

三是管理机制落后。尚未建立城市环境维护主体、监督主体、管理主体、执法主体四者相互联系、相互制约的工作机制。对城市环境维护主体的监督还普遍存在着监督和管理不分、监督和执法不分、管理和执法分离不够的现象。

四是管理方式落后。各类情况底数不清，导致对城市管理问题的分析主要停留在定性分析阶段，造成各种决策缺乏科学的数据支撑。没有明确的环境建设、维护管理的标准和落实措施。

五是管理手段落后。在城市管理工作中科学的手段运用得不够，缺乏对每个公民、每个单位诚信评价的既实时又长期的电子记录，缺乏对评价结果的有效运用，导致对各类违法行为缺乏有效的约束机制，社会自律机制不健全。

因此，改革传统的城市管理方式成为时代的要求，势在必行。2005年7月，朝阳区委、区政府顺应改革的要求，以建设部在全国推广数字化城市管理新模式为契机，着手改革传统城市管理体制，开始筹备实施数字化城市管理工作，努力推动城市管理方式的变革。在学习借鉴东城区网格化管理经验的基础上，开始实施数字化城市管理工作，从市容环境入手，以强化社会单位落实“门前三包”责任制为切入点，对政府部门、社会公共服务企业等市容环境维护、管理、执法主体进行监督评价。2007年10月，进一步将消防安全、食品安全、社会保障、为民服务等工作纳入数字化管理体系，建设了数字化城市管理与为民服务系统。2009年10月在全区争创全国文明城区的中心工作推进过程中将文明城区创建的各项指标纳入数字化管理系统，进一步提高了社会服务管理工作的标准，同时发动社会单位和普通市民共同参与社会服务管理。2010年7月，朝阳区被列入中央政法委、中央综治委选定的35个全国社会管理创新综合试点城市名单，要求探索创新社会服务管理机制，朝阳区在全面总结已有工作经验的基础上，针对区域面积大、人口多、管理情况相对复杂和政府管理力量相对薄弱的特殊区情，在社会服务管理中探索了一条以朝阳社会信用体系为保障，数量化、智能化、科学化的社会服务管理新模式，称之为全模式社会服务管理。

三、措施

（一）主要内容

全模式社会服务管理系统包含社会服务管理领域的各个主要方面，分为应急管理、城市管理、综治维稳、安全生产、社会事业、社会保障、社会服务、经济动态、法律司法、党建工作等10个模块，共有118大类577小类3537细类工作。

2013年3月，在此基础上新增加网络社会模块，分为网络社会服务、网络社会管理、网络社会建设，前期对朝阳区业主论坛、微博、QQ群等网络媒介进行了摸底普查，确定重点的业主论坛2674个、微博784个和QQ群758个。与13个试点街乡、14个相关职能局共同梳理完成《全模式社会服务管理网络社会建设模块任务确定、完成标准》（一期），形成3大类338细项标准，已在试点街乡运行，基本形成了一套智能化的管理服务体系。

1.建立智能化管理体系

按照规范化、标准化原则推进智能化工作，实现责任区域全覆盖、无缝隙、常态化、实名制的网格化作业、监督、管理、执法责任制，核心是以社区为基本管理单元，以居民自治为基本形式，将一线人员的工作情况，及时告知对其有管理权和任免权的各级领导，促进各类责任主体履行法定责任。通过分工使条条、条块按照法定职责正常发现、处理、解决各类问题。

以智能化移动互联网为依托，以标准化和网格化责任制为基础，简明化、便捷化的智能化管理体系基本建立。初步形成依托无线网络，使一线工作人员和主管科长、主管领导及时便捷知晓自己的法定责任和需要完成的任务，了解工作开展的法律法规、政策依据和标准、案例等，形成傻瓜化的告知系统。从以往“点对面”转为“点对点”，正在推进包括绿化、环卫、水务以及地下空间、中介组织、暴露垃圾、小广告等作业、监督、管理、执法共16项智能化工作。

督促一线工作人员积极主动地解决问题和完成任务。通过系统自动提示一线工作人员未解决的问题和未完成的任务，并逐级告知其主管科长、主管领导，从而形成管理约束、竞争机制。

以“门前三包”工作为例，建立监督、管理、执法智能化工作流程，确定实名制的责任制，通过手机终端实现各类问题的处置和规定任务的完成，监督员发现的问题，直接派遣到社区一线工作人员，未解决逐级派遣到社区领导、街乡城建科、城管分队等，同时建立短信告知系统，各个层面管理者能够在第一时间及时掌握工作人员绩效，并使工作结果与每个人员的奖惩紧密结合，促进各类责任主体履行法定责任。“门前三包”智能化工作体现出了以社区自我管理和协助政府管理为基础的，依法开展、简明化、便捷化的显著特点，取得了初步成果。

三级平台建设持续优化。通过全模式平台充分调动街乡和社区自我发现问题、自我解决问题的积极性，建立街乡、社区（村）自我发现与解决问题的运转机制，按照标准和规范流程逐级“自下而上”、“自上而下”流转案件，实现“上报”与“下派”的双向循环，构建职责明确、上下互通、横向联动的社会服务管理工作机制。

2.推进智能化服务系统建设

完善智能化居民投诉举报系统。正在推进智能化居民举报投诉解决问题处置系统建设，实现百姓投诉举报案件的无遗漏受理、需要回访案件的无遗漏回访，责任单位未及时处理与回复的问题无遗漏地提醒该单位各级领导，未结案的无遗漏地调研解决。

推进智能化社区健康干预系统建设。与农业大学合作建立智能化社区健康干预系统，在大屯慧忠里第二社区、香河园光熙门北里和团结湖一二条社区等试点社区开展饮食健康干预工作。在量化统计、分析居民健康情况的基础上，有针对性地对特定人群开展健康教育和干预工作。目前已开展膳食调查、体能测试、体成分测试，举办健康讲座，招募志愿者，实施糖尿病和肥胖膳食干预工作，开展有针对性的健康教育。

推进“掌上朝阳”系统建设。“掌上朝阳”系统分为生活版和工作版，工作版主要是将新增建筑、疑似新增等重点环境问题的监督处置情况，通过智能手机系统通告给属地街乡主任、主管主任、主管科长、社区（行政村）主任，帮助其及时调查查处，从而提高工作效率、落实督办工作。生活版将各种数据资源共享，使百姓能够掌握周边各类服务企业情况，为百姓生活工作最大化地提供便利。

（二）基本工作流程

全模式社会服务管理系统按照发现问题、案件受理、案件派遣、任务处置、结果反馈、复查核查形成闭环工作流程，所有案件由系统平台自动存储，形成各类案件分析及考核评价。具有如下特点：

一是高位的独立监督。朝阳区城市管理监督指挥中心全面负责社会服务管理监督评价工作，是区政府直管的独立的监督部门，共有35个分队，1547名监督员，153名座席员，各监督分队独立租用办公用房，不直接与街乡、社区发生联系，全面独立履行监督指挥和考核评价的职能。

二是依法监督。纳入系统的每个细类都依照相关法律、法规制定了相关标准依法监督，纳入系统的每个细类都依照相关法律、法规制定了标准，共涉及法律法规396部，政策206部。

三是客观监督。每个案件的立案结案都有照片作为客观依据。

四是闭环监督。每个案件从上报、处置到评价等环节都环环相接。

五是公正监督。按监督主体与被监督主体共同制定或认可的标准进行监督，全模式十大模块通过与43个街乡和32个职能局共同完成四类标准的梳理和制定，监督员、座席员按标准进行作业，系统自动生成评价结果，把人为因素降到最低。

六是多手段、全方位监督。监督手段有监督员监督、公众举报、微博传送、Google影像比对等16大类20小类，被监督对象包括政府和社会各主要方面。

（三）主要特点

全模式社会服务管理系统的主要特点可以用六个字加以概括：合作、竞争、科学。

1.合作

合作就是将政府“大包大揽”的传统模式转变为政府主导、各类社会主体合作开展社会服务管理的模式。政府通过与各类社会主体的合作，实现各方面优势的有机融合，促进社会服务管理水平的不断提升。

与社区的合作。采用智能化的方式推进以楼长、门长为骨干的志愿者协会建设(全区各社区楼长的平均配备率已达78.43%，门长的平均配备率已达86.36%，各类志愿者的比例已达总人口的10.58%)，逐步建立并完善了覆盖城乡、以房产为基础的不重不漏的人口数据库，共计1158020户3195159人纳入。推进以社区单位为主体的城市管理、地下空间等各类行业协会建设，逐步形成社区居民和单位自我服务管理的工作机制。

开展数量化文明社区（行政村）监测评价工作，形成了319个社区9010栋居民楼评价排名。为社区居民和其他各类主体之间建立以利益为诱因的竞争机制，促使居民和其他各类社区主体从关心自身利益出发，自觉遵守各项法律法规，为开展各项服务奠定基础。

在数量化文明社区的基础上进一步推进数量化文明行政村建设。全区145个行政村（51个拆迁中），已完成88个行政村的普查工作，共计村民院28109个、单位院3753个、出租大院575个、别墅2175个、公建配建1204个、拆迁区域115个、公共空间5313个。其中，涉及出租房屋26825处，占总房屋数的82.69%。同时，在台东八间房、东坝三岔河、黑庄户郎辛庄、管庄重兴寺等村开展了智能化监督试点，深化数量化文明行政村建设。对行政村内村民、单位等各类责任主体履行法定责任情况，进行以客观事实为依据，标准化、常态化、数量化的监督评价。

与所辖单位的合作。运用“六个天天”①的工作机制，与“门前三包”责任单位、物业公司等14类社会单位合作解决面临的问题。通过“81890000社区服务网”将各类单位的服务信息提供给市民，实现双向服务。目前百姓通过网站及热线可以获取涉及20大类253小类483细类的123676家企业的服务信息，任意选择区内41478栋房屋就可以了解周边相应的服务信息。

与市民的合作。通过数量化的文明市民、文明家庭争创工作来促进广大市民合作共同建设文明社区。

与大专院校的合作。与中国人民大学、北京大学中国信用研究中心、北京林业大学、中国农业大学、中央美术学院等大专院校开展合作，进行全模式社会服务管理系统理论研究，实现理论与实践的紧密结合。2012年，与北京大学合作出版了《朝阳社会服务管理与社会信用建设的理论和实践》一书，与北京大学中国信用研究中心合作建立“朝阳文明城区指数”，每月形成文明城区建设工作的监测评价结果。与中国人民大学合作出版了数字化城市管理系列丛书、《合作治理与社会服务管理创新》、《构建全模式系统，推进无缝化管理》研究报告等。与中国农业大学合作，基于朝阳区81890为民服务系统，进行居民健康饮食干预和食品监测研究项目研究工作。

与高新技术企业的合作。通过与五个高新技术企业长期不间断的紧密合作，使高速发展的现代科学技术持续地为不断完善的全模式社会服务管理系统服务。

---

①“六个天天”指产权主体和维护责任主体天天维护，监督员天天监督，相关职能部门、街道办事处、社区天天管理，执法部门天天执法，系统平台对五类主体天天评价，区政府内网和外网天天公布。

与律师的合作。聘请律师参与微博直接回复、公众举报问题处置以及社区居民调解，为百姓提供更好更快捷的服务。

与其他方面的合作。充分利用国内外各方面的智力优势和专业优势，促进社会服务管理创新能力的提升。如2011年与国务院发展研究中心合作出版了《数字化城市管理“朝阳模式”研究》。

2.竞争

引入竞争机制，就是转变社会服务管理领域“干多干少、干好干坏”一个样的现状，在各类责任主体之间建立以利益为诱因的常态化的竞争和激励机制，持续提高社会服务管理水平。

目前为止，已经形成了对责任主体、管理主体、执法主体、监督主体等四类主体689项评价结果，并且充分运用评价结果，将各类评价排名通过《朝阳报》、“社区服务网”、三层［区、街（乡）、社区］大屏公示系统等多种途径进行公布，根据评价结果对先进社区和社会单位等进行奖励，作为公务员年终考核工作评选先进、给予奖励的重要依据，并与干部的使用和评优挂钩，与监督员等直属工作队伍的绩效奖金直接联系，有力地促进了各类责任主体认真履行法定责任。

将数字化城市管理平台中的各类案件分析、情况和考核评价等数据及时提供给区领导和各街乡、相关职能局主要领导，为管理者决策提供参考。2013年，对领导关注的违法建设、摊群乱点、黑车拉客、露天烧烤、街头散发小广告、非法出版物等重点问题向各个层面发送告知短信，共计2万余条。

3.科学

在社会服务管理主要领域实现了数量化，为实现社会服务管理科学化奠定了基础。

马克思曾经说过，一种科学，只有成功地运用数学时才算达到完善的地步。只有将现代科学技术与先进的管理机制相结合的运行方式引入社会服务管理领域，对社会服务管理各方面情况实行量化的统计、分析和评价，才能解决“突击式”、“运动式”和“粗放式”问题。比如：对游商摊群的监督评价，根据规模和出现频次实行分级，按级别自动生成评价结果，实现了根据发案频次系统自动调整分级并扣分的标准化、规范化管理。

四、成效

经过多年的社会服务管理创新，朝阳区基本上解决了社会和政府之间、政府内部“条条与条条”之间、“条条与块块”之间责任不清的问题，提升了社会服务管理的常态化、精细化水平，具体讲来，全模式的运行成效主要表现为:

（一）责任清晰、关系明确的社会服务管理体系基本建立

依照相关法律法规和政策，与试点街乡和相关部门共同制定全模式系统十大模块3537细类标准，明确了责任主体、管理主体、执法主体各自的责任和法律依据，工作规范进一步明确，实现责任确定的无缝化。通过对各类问题处置流程标准的制定，解决工作过程中各类责任主体之间时间衔接上的无缝化，通过对责任区域的划分，建立电子化的责任区域图层，实现责任主体在空间上的无缝化。

（二）将突击开展工作的方式转为常态

比如，将预防煤气中毒的突击性检查转变为每季度抽查的常规性工作；将地下空间纳入日常监督，对地下空间的消防安全以及租住人员的情况定期监督，目前系统中已纳入地下空间5305家。其中住人的地下空间有1226个，联网录入居住人员的地下空间有378个，共录入6614名居住人员信息。

（三）长期未得到有效根治的难点问题得到一定程度的治理

实现重点问题数量化的分级分类监督，环境秩序重点难点问题得到有效控制。对游商摊群等重点环境问题的监督评价，根据规模和出现频次实行分级，形成市级乱点、区级乱点、一般乱点、重点案件四级，并按级别自动生成监督周期，实现根据发案频次系统自动调整并评价。通过短信告知、大屏公示、加大考核权重等方式，督促相关责任部门加强乱点的治理力度。目前，区级环境秩序乱点由2013年7月份的291处减为2014年2月份的70处。将全区1468家房屋中介组织纳入监督，形成闭环的无缝化处置流程，严格落实《北京市房屋租赁管理若干规定》（市政府第194号令），完善中介机构、社区（村）、街道（地区）、区职能部门四层互联互通的中介机构出租房屋登记系统，通过摸清中介组织底数、查找对其管理中存在的漏洞，实现对出租房屋的源头管理。

（四）常态化社会管理问题的解决机制和常态化公共服务任务完成机制初步建立

以监督员、公众天天发现问题为切入点的，社区、街乡督促责任主体天天解决问题，执法部门天天执法，各层面天天公布的常态化的社会管理问题的解决机制初步建立。2013年，全模式社会服务管理系统中发现问题类和工作任务类共计6380686件，其中发现问题5386447件，解决率为83.78 %，工作任务994239件，完成率为90.5%。

（五）数量化的市民、企业、政府决策架构基本建立

已经初步建立违法建设监控与治理、城乡结合部农村分级管理、社区停车位建设与停车管理、流动商贩管理、企业选址、写字楼经济分析及决策等9个决策支持系统的开发与建设，正在开发居民住房面积、流动人口服务管理决策支持系统，为充分发挥全模式社会服务管理系统在朝阳区经济社会发展中的基础性作用奠定了重要基础，逐步实现市民、企业、政府决策科学化。以居民租购房决策支持系统为例，主要依托朝阳区现有全模式社会服务管理系统积累的大量基础数据和动态数据进行开发，设置安全、环境、物业、文化、和谐等各项指标，一方面，政府充分利用现有信息系统的数据为居民租购房决策提供支持；另一方面，政府搭建平台，让居民参与基层社会管理与服务的评价。

五、经验

一是实行监管分离。坚持监督、管理、执法完全分离，形成“大管理小执法”的工作格局。

二是采取无缝隙、不间断、闭环式系统化的管理方式推进社会服务管理工作，彻底解决传统专业化管理体制下存在的条条分割、条块分割以及相互扯皮的矛盾。

三是基于现实区情，以发现、处置和解决问题为导向，积极推进合作治理，动员多元社会主体参与社会服务管理，尤其强化社区在社会服务管理中的基础性作用。

四是通过在各类责任主体之间建立竞争和诚信约束机制，促使社会各方全面提升社会服务管理水平。

从当前的实践看，全模式社会服务管理系统是与朝阳高速发展的经济社会形势相适应的。但是社会服务管理创新是一个长期摸索的过程，朝阳区的社会管理和公共服务管理的现状与建设世界城市的标准还存在很大差距，仍有大量城市管理问题没有得到有效解决，公共服务管理水平与市民的需求还有较大差距。从发展要求看，还需要在以下四

个方面加大工作力度：

（一）完善双向高效循环机制，构建职责明确、上下互通、横向联动的社会服务管理工作机制，建立四类责任主体覆盖全部区域、无缝隙、常态化、实名制的网格化责任制，推进履行法定责任的规范化、智能化

进一步完善自下而上、自上而下的双向高效循环机制，完善区、街（乡）、社区（行政村）三层平台，构建职责明确、上下互通、横向联动的社会服务管理工作机制。实现街（乡）与社区（行政村）之间的小循环和区、街（乡）、社区（行政村）之间的大循环。提倡街乡、社区（村）主动发现问题、及时解决问题，进一步推动社区自治、属地自我循环、条块联动的工作格局，提高系统运行效率。

推进城市管理作业、管理、执法、监督的智能化。实现全覆盖、无缝化、常态化、实名制的网格化责任制，相关责任人在处置各类任务和问题的全过程中，运用移动终端与区、街（乡）、社区（行政村）三层平台实时互动，使各部门各个层面管理者能够在第一时间掌握工作人员的工作绩效。

（二）逐步健全和完善全模式社会服务管理系统平台

进一步完善全模式社会服务管理系统，建立并完善与相关职能部门包括公共服务企业等各专业系统互联互通、共享交换、业务流程有机整合的平台。建立以三维技术为基础，数字仿真城市为目标的全模式运行支撑系统。重点是依托“云计算”技术进行系统升级改造和建设连接所有社区（行政村）的、每个社区（行政村）都有百兆带宽的信息高速公路。

（三）继续深化81890智能化为民服务系统建设

推进建设智能化居民举报投诉解决问题处置系统、智能化一刻钟服务圈、智能化居民健康干预系统、掌上朝阳等一系列为民服务工程，实现为民服务智能化。

（四）以顶层设计为主线，以促进各类责任主体落实法定责任和推进市民、企业、政府决策科学化为目标，以智能化为手段，全面提升全模式社会服务管理系统的运行质量

从系统运行、组织架构、运行机制三方面进一步完善顶层设计。积极推进朝阳社会经济信用评价体系，督促各类法定责任主体履行法定责任。建设朝阳大数据库，实现数据一体化，提供个性化的数据服务。在现有工作基础上，进一步健全和完善覆盖全区无遗漏、实时动态的数量化经济统计分析系统，为政府宏观决策和企业运行提供科学支持。依托全模式（数量化）社会服务管理系统，建立并完善各类决策支持系统，逐步实现建立在科学计划基础之上的按比例、可持续协调发展的经济社会运行体系，实现数量经济。

北京市朝阳区区委书记：程连元

北京市朝阳区区长：吴桂英

北京市朝阳区智慧城市创建工作行政责任人：汪洋　副区长

北京市朝阳区智慧城市实施管理办公室：信息化工作办公室

点评

点评人：王丹（研究员　建设综合勘察研究设计院）

北京市朝阳区以支撑具有世界影响的国际商务中心为目标，综合考虑区域面积大、人口多、管理情况相对复杂和政府管理力量相对薄弱的特殊区情，在认真分析传统管理理念、管理主体、管理机制、管理方式方法存在问题的基础上，实施数字化城市管理工作，探索出了一条数量化、智能化、科学化的社会服务管理新模式，提升了社会治理的精细化水平，取得了显著成效。

朝阳区通过建立一套以政府与各类社会主体的有效合作，各类责任主体间常态化的竞争，科学、量化的统计、分析和评价为主要特征，涵盖应急管理、城市管理、综治维稳、安全生产、社会事业、社会保障、社会服务、经济动态、法律司法、党建工作等10领域的全模式服务管理系统，按照发现问题、案件受理、案件派遣、任务处置、结果反馈、复查核查形成闭环工作流程，通过高位、依法、客观、闭环、公正、全方位的监督，基本上解决了朝阳区社会和政府之间、政府内部“条条与条条”之间、“条条与块块”之间责任不清的问题，提升了社会服务管理的常态化、精细化水平，逐步健全和完善了以政府为主导、社会为主体，以朝阳社会信用体系为支撑的数量化、智能化、科学化的全模式服务管理系统。

该案例基于朝阳区实际，针对传统城市管理服务问题，系统总结和分析了数字化城市管理工作的实施路径，探索了基于数字化城市管理开展智慧城市建设的新方向。案例提出了以下四点主要经验，一是实行监管分离，二是采取无缝隙、不间断、闭环式系统化的管理方式，三是多元社会主体参与，四是建立竞争和诚信约束机制，具备较强的科学性、指导性。作为首都地区的中心城区，朝阳区全模式服务管理系统建设案例对国内有数字城管基础的城市开展智慧城市建设具有极强的借鉴意义。

夯实生态之基　聚焦智慧产业
打造现代化、国际性人文绿都中心区

——南京市河西新城区（建邺区）创建智慧城市探索实践

【摘要】南京市河西新城区（建邺区）针对智慧地推进新型城镇化过程中城市新中心如何建、如何管、如何发展等三方面的问题，充分发挥南京中心城区的综合优势，以科学发展观为指导，抢抓南京第三次发展机遇，借力青奥，乘势跨越，突出绿色生态城市建设目标，突出智能迅捷社会治理导向，突出现代高端智慧产业集聚，以智慧城市理念融贯城市建设、治理和发展，在更高层次上实践三元一体的新中心城区建设道路。建立了以政府为导向、企业为主体的市场发展机制，建立了以法定城市规划为主体、低碳生态智慧专项规划为技术支撑的全新规划体系以及9个一级指标和66个二级指标的低碳生态智慧城指标体系，建设了“资本服务平台”和“创新创意企业服务平台”。经过持续的建设和发展，城市面貌日新月异，城市功能日趋完善，区域发展充满朝气与活力，一座展示南京建设与发展成就的现代化新城正在迅速崛起。

一、背景

南京是一座有着2500年建城史的历史文化名城，素有“江南佳丽地、金陵帝王州”的美誉。2001年，为保护历史文化名城，疏散主城人口，南京市委、市政府提出了“一疏散三集中”、“一城三区”的发展战略，河西·建邺应运而生。河西·建邺位于南京市主城西南部，西临长江，东依外秦淮河，总面积94平方公里（陆地约71平方公里，水面约23平方公里），2013年常住人口约45万。

自启动建设以来，河西·建邺积极抢抓重大赛事机遇，深刻践行新型城市建设理念。历经初创—扩张—提升多个阶段，城市面貌发生翻天覆地的变化。

2002～2005年（城市初创期）。承接“十运会”举办契机，拉开新城建设基本框架，重点实施河西·建邺中心区建设，形成整体开发的态势。

2006～2010年（城市扩张期）。以国际化高端理念引领新城规划建设，持续加强城市美化和管理，重点完成“两轴两园两路三馆”工程，吸纳老城人口约10万人，现代滨江生态新城的环境品质进一步彰显。

2010年至今（城市提升期）。作为2014年“青奥会”的主战场，深入实施“迎青奥千日行动计划”，以绿色生态智慧高标准加快推进城市功能品质优化提升。中部建成“两纵两横”四条轴线，北部城市面貌整治一新，西部江心洲生态科技岛全面展开建设，南部以青奥村为引领的低碳生态示范城区框架初露端倪。河西·建邺的功能配套更加完善优化，城市环境更加优美宜居。

经过十多年的建设，河西·建邺走出了一条由城郊结合向城市新中心华丽变身的转型升级、创新发展道路。2003年，河西·建邺地区75%以上范围为农村，地区生产总值23.7亿元，产业结构以第二产业占绝对多数。到2013年底，已成为南京重点打造的城市新中心，实现地区生产总值188.6亿元，城市居民人均可支配收入达36920元，第三产业增加值占GDP比重达80.3%。

这一成绩的取得，是建立在城市建设以人为本和现代文明城市生态化经营的基础上，离不开对发展形势的深刻把握，对突出问题的深入剖析，对智慧城市建设精神的深度贯彻。

二、问题

随着河西·建邺加速建设，城市新中心的框架结构全面优化、城市功能全面完善、城市品质全面提升，新一轮跨越发展的特征性明显。

从发展定位看，河西·建邺正处在由“城市新区”向“城市新中心”转变的起步期。南京市第十三次党代会明确提出，要把河西新城建设成为现代化国际性城市新中心，河西·建邺的发展定位从过去城市向外拓展的“新区”，上升为“城市新中心”。从内涵特征看，河西·建邺正处在由“单一开发”向“综合发展”转变的转型期。从原来城郊结合部的居住、生活等单一功能，向科技、人才、产业、资本等要素集中配置的多元功能转变；从设施建设、空间开发的局部基础功能，向打造现代化、国际性、创新型城市的综合功能转变；从城市经济增长、规模扩张的常规功能，向和谐发展、生态建设的增值功能转变。从历史机遇看，在多年规划建设的基础上，河西·建邺的城市框架已经基本成型，公共配套相对完善，品牌效应初步显现。特别是“青奥会、亚青会”主会场和新加坡·南京生态科技岛、金融城落户以来，全区整体呈现出项目、资金、技术、政策等要素快速集聚，城市功能、品质、形象、人气快速提升的良好态势。

与此同时，新城区建设中的城市如何建、建好如何管、可持续发展如何实现等共性问题也日益凸显，突出表现为三个方面。一是资源环境的刚性约束。受市重化工业发展的影响，区域生态环境承载能力有限，同时城市空间的拓展与土地资源供给约束的矛盾日益加剧，迫切需要以绿色生态的理念推进城市规划、建设，实现资源集约化利用。二是社会治理的多元复杂。河西·建邺的居民结构复杂，既有下乡返城的老居民，又有学历高、收入高、眼界高的新居民，利益诉求多元，反映渠道丰富，对社会问题处理反馈的时间要求更加短促，迫切需要加快社会治理体制机制创新，以全新的架构和技术搭建迅疾响应处理群众诉求的平台和通道，实现社会治理深入社区、贴近居民、高效服务。三是主导产业的选择和培育。新城可持续发展落脚点在产业，随着区域国际化的深入推进以及全要素流动的加剧，面临成熟城区现代服务业竞争的日趋激烈，迫切需要立足本区实际，合理选择和培育符合未来发展要求、竞争潜力明显的主导产业，实现产业发展回馈城市建设管理，城市建设管理助推产业发展的共生良性效应。

三、措施

经过多年的创新实践和探索，河西·建邺已形成了较为明确的新城建设发展战略：抢抓青奥会历史机遇，创新实践生态智慧城市建设理念，以信息化“全过程、全领域、全覆盖”深度切入规划建设、社会治理、产业发展三大核心领域，强化功能完善和品质提升，聚焦主导产业培育，综合推进区域政治、经济、社会、文化和生态协调发展。

具体而言，一是融入绿色低碳理念，引领城市规划建设。综合运用国际理念、现代要素、智慧手段规划新城空间布局，打造集“工作、学习、生活、休闲于一体的活力城区”，塑造现代化、国际性、人文绿都中心区全新形象。二是提升信息化水平，强化社会综合治理。立足“智慧新城”平台发展基础，从整体入手，建立社会综合治理基本框架和工作机制，全力构建有效覆盖经济社会发展、城市管理运营、社区综合服务等各方面的智能化感知、联通和处理系统，整合社会管理服务资源，实现区域社会治理工作的迅疾响应、快速处理。三是发展智慧特色产业，推动产城高度融合。依托完善的城市功能吸引和承载资本、技术、人才和信息要素，发挥自身新空间、新体制、新人才叠加的优势，成为人流、物流、资金流和信息流的交汇枢纽，重点发展电子商务、广告创意、游戏动漫等高附加值绿色智慧产业。同时，注重利用日益成熟的智慧产业不断丰富城市规划建设、社会治理的标准、手段和方式，实现三元一体协同发展。

2013年1月，河西・建邺被确定为国家智慧城市试点城区，以此为契机，将智慧城市和城市新中心发展深度融合，用智慧城市的理念、标准和方式引领新城发展，建设“智慧新城”的总体目标是到“十二五”末，信息通信基础设施和城市综合基础数据覆盖全区，信息共享和应用协调能力大幅提升，城市建设、综合管理及民生服务水平明显提高，城市现代服务业、高新技术产业等发展实现新突破，基本建成国内一流的绿色、生态、智慧新城。主要内容包括以“网络基础设施、城市公共信息平台、城市公共基础数据库”为基础，重点建设“智慧城管、智慧环保、智慧安全、智慧政务、城市运营中心”等智慧管理系统，“智慧社区、智慧医疗、智慧教育、智慧交通、公众服务中心”等智慧服务系统，推进“智慧青奥”和“绿色生态智慧示范区”建设，促进智慧产业快速集聚。

（一）从粗放到集约，实现城市建设从环境约束到生态支撑的转变

致力于探索适合较大强度开发地区的智慧型绿色生态新城发展之路，建立“指标、规划、技术、管理、市场、政策、行动”七维协同的规划建设管理运行模式，将智慧城市建设理念融贯开发建设管理各个环节。

建立综合指标体系。以国际视野、国际标准、国际水平确立参照系，建立涵盖可持续发展低碳经济、紧凑混合用地模式、绿色资源能源利用、绿色高效便捷交通、绿色节能环保建筑等9个一级指标和66个二级指标的低碳生态智慧城指标体系，为新城建设提供总纲性指导。其中，智慧社区覆盖率、智能交通系统覆盖率、智能电网覆盖率等具体指标，全部参照国际一流标准制定实施，从源头上确保河西新城城市化的高起点、高质量。

建立全新规划体系。建立以法定城市规划为主体、低碳生态智慧专项规划为技术支撑的全新规划体系。编制综合类、专项类、实施类等一系列低碳生态智慧专项规划，包括低碳生态城总体规划研究，核心区低碳生态智慧实施方案，绿色建筑、绿色能源、绿色水资源、绿色交通、智慧城区、土方平衡、有轨电车、综合管廊、公共自行车、智能电网等规划。同时在控制性详细规划编制工作中，加入土地利用图则、城市设计图则和低碳生态图则的法定文件，将智慧、低碳、绿色等指标要求列入其中，从源头上保证智慧型绿色生态新城建设的落实。

建立适用技术体系。智慧型绿色生态新城往往涉及的都是新兴领域技术，传统技术方法不足以支撑现有低碳生态智慧城的发展。为了促进工程创新，将新兴技术有效融合到实际工程中，基于2009年已颁布施行的《河西新城南部地区生态城区建设技术导则》，编制形成了地方绿色建筑适用技术导则、地方绿色道路适用技术导则，以及生态堤岸、绿色照明等地方适用技术导则，纳入智慧化技术内容。

创新管理体制机制。建立面向基本建设全流程的生态智慧长效管理机制。成立生态技术工程中心和信息中心，分工协作、共同推动低碳生态城和智慧新城建设工作。制定《绿色生态示范城区绿色建筑管理办法》，规范立项设计、施工验收、运营管理等重点环节。建立资金项目管理机制，通过政策引导促进社会资源积极投入绿色生态智慧新城建设。

强化法规政策引导。研究制定《河西新城区低碳生态城条例》、《河西新城区共同管沟管理办法》，出台《河西绿色生态示范城区2013～2014年实施方案》，全面涵盖智能电网、有轨电车、能耗监测、智慧交通等智慧化建设内容。建成江苏省绿色建筑和生态智慧城区展示中心，集中展示全省生态城市、绿色建筑以及智慧城市等方面的建设内容和相关行业的先进技术。

创新引入市场机制。建立以政府为导向、企业为主体的市场发展机制。河西新城区开发建设管理委员会下属子公司新城公司与远大、宝冶等社会企业合作，创建了河西远大能源公司以及河西公共自行车公司，分别推动河西新城冷热电三联供工程以及河西公共自行车工程的建设，同步建立智慧化运营管理平台，以市场化运作模式推动公共设施的建设、运营和管理。

持续推动低碳生态实践。河西立足实际，深入开展涉及8个方面34个领域的生态智慧工程实践。重点抓好智慧化的规划行动、绿色建筑行动、绿色能源行动、绿色水资源行动、绿色市政行动、绿色交通行动、绿色生活行动、绿色环境行动等8大工程实践。建设南部核心区地上地下一体的三维城市空间数据库，完善地下管线、地下空间信息数据。围绕智能电网，推进分布式光伏发电、智能用电、智能输电变电等建设工作，推进以利用电厂余热实现热电冷三联供和江水源热泵为主的可再生能源系统建设。建设亮化照明集中控制系统，实现区域亮化照明系统的远程控制和故障监控。以绿色开敞空间为主体，采用绿色低碳和信息智能技术推动智慧社区、绿色校园、绿色医院建设。全面推进“智慧环保”系统建设，通过环保统一业务数据中心，环保一张图、环境实时监控系统等建设，对重点区域的水、声、气等环保信息进行实时监控，动态了解区域环境状况。

（二）从管理到治理，实现民生服务从善政向善治转变

在不增加人员编制的情况下，整合区民政局、社建工委、区综治办等部门，在全国率先组建成立社会管理服务局。坚持顶层设计和问题导向，依托智慧新城网络平台，运用信息化、网格化、精细化等现代手段，构建“区—街—社区”三级社会治理服务平台，聚集全区各种资源，以社区为服务终端，形成全区资源自下而上的按需整合，实现社会治理从粗放向精细转变、从低质分散运行向高效整合运行转变。

深化社管平台建设，打造民生服务“升级版”。聚焦“一网全联”，整合12345政府服务呼叫中心、智能视频监控、安全生产监管、城市模块化综合管理和权力阳光电子政务等系统，实现资源向网格下沉，推动社会服务管理向源头治理和常态化管理转变。区领导每个月安排2天时间担任社区网格员，听取群众意见，调处矛盾纠纷，解决群众难题。同时，以推进宜居幸福圈建设为抓手，建立完善社会组织共建共享机制，充分激发其活力，进一步改善民生。2013年，实施居民技能培训计划，15000余人接受就业培训，新增城镇就业13000余人。

积极引导公众参与，打造主体多元的城市治理体系。坚持规划管理信息化和基础设施智能化，引进社会公众参与城市治理，通过智慧新城大数据分析系统，形成与公众之间的良好互动，实现城市管理设施、资源、行为的三位一体。创新融资手段，以电信、移动、联通、广电等运营商为投资主体，实现区域4G网络全覆盖、WiFi热点全覆盖以及城市光网全覆盖。以手机客户端、微博、微信等为载体，进一步拓宽社会公众参与渠道，实现公众报送、移动处置、视频联动，增加服务资源的精确定位和服务行为的过程监管。充分整合市政、绿化、河道、环卫各方面资源，在南京率先建成市政综合养护平台。2013 年拿出31.6万平方米的道路及街巷保洁面积面向全国进行招投标，对青奥核心地区及奥体周边十横十二纵提标作业，通过智慧城市管理平台对管养单位进行定量考核评估，实现市政综合养护工作的精细化管理、市场化运作。

（三）从创业到创新，实现产业发展从传统业态向智慧产业的升级

坚持现代化、国际性战略导向，以承接核心枢纽功能为抓手，以生态科技和智慧型产业为引领，着力提升城市发展能级，形成辐射南京都市圈和泛长三角区域经济增长极。

坚持集聚为要，推动新城产业园区化发展。强化园区专业化承载功能，建立土地集约、企业集中、产业集聚的发展模式，充分发挥国家级广告产业园、国家级电子商务示

范基地、国家级移动互联特色产业基地和中国（南京）游戏谷等“国家队”产业平台效应，形成以科技孵化器（加速器）、商务商业综合体为核心的楼宇经济、总部经济和创新经济的基础支撑。

坚持创新为基，推动新城产业智慧化发展。围绕建设泛长三角区域金融中心、长三角创新创意中心、南京都市圈商务商贸中心、会议展览中心和文化体育中心等“五大中心”，培育金融服务、商务商贸、广告创意、电子商务、动漫游戏、云计算等以智力、资本为绿色引擎的低碳、智慧产业体系。建设紫金（建邺）科技创业特别社区一期、青奥产业园、新加坡新纬壹生态产业园等一批900多万平方米的创业创新载体，构筑生态、智慧产业空间支撑。实施“建邺国际英才计划”，成立5家海外引才办事处，先后引进177名321人才，其中诺贝尔奖获得者1名，外籍科学院院士2名，两院院士3名。

坚持服务为本，推动新城产业平台化发展。充分发挥新城新空间、新产业、新体制叠加的“三新”优势，以“两大服务平台”建设推动“五大中心”产业发展。建设资本服务平台，借助河西金融集聚区的特色优势，大力发展科技金融、文化金融、互联网金融、消费金融，引进全省唯一的股权交易中心，提升辐射泛长三角区域金融服务功能。建设“创新创意企业服务平台”，以新城科技园、海峡城云谷科技园、电子商务产业基地为核心，先后培育五个科技孵化器，重点发展文化创意、信息软件、电子商务、人力资源等公共服务平台，设立4家园区国资平台，为区域创新性企业提供服务支撑。

坚持资本放大，推动新城产业市场化发展。充分发挥存量生产要素资本化对区域经济增长的拉动作用，通过借力资本市场和金融杠杆，有效破解培育主导产业政策资源不足的问题。在四个功能园区先后成立了若干个投资公司、项目公司，实现管委会与公司、行政和市场“两条腿走路”，把土地、房产等有形资产和收益权、品牌、专利等无形资产，以参股入股、抵押融资等方式注入公司，把闲置的财富变成流动的资本，在做大公司注册资本的同时，吸引更多的外资和社会投资，整个河西地区全社会固定资产投资持续保持30%以上的增幅，为新城基础设施和产业项目建设提供了有力的支撑。另外，努力实现国资的放大作用，由区国资设立规模10亿元的南京河西新城科技创业投资引导基金作为母基金，引导社会资金进入战略型新兴产业，为实现产业和企业的现代化奠定坚实基础。

四、成效

近年来，河西·建邺坚持“办赛事、创大业、建中心”三位一体发展战略，创新创意先行区、投资创业首选区、功能品质最优区、幸福城市示范区建设取得明显成效，智慧城市建设理念始终贯穿始终，“绿色、人文、智慧、集约”已经成为新城一张闪亮的城市名片。

（一）生态发展成绩斐然，绿色名片彰显魅力

自2012年启动“迎青奥千日行动计划”以来，通过“点、线、面、体”相结合，推进城市公园、滨水绿廊、交通绿道、建筑表面建设，全方位提升绿地景观。结合智慧城区建设，发挥现代信息技术优势，深度应用智慧环保、智慧卫监平台，建立生态环境、卫生情况长效监测体系，全方位、全动态反映滨江生态环境状况。移植大树13000棵，完成扬子江大道等“三横四纵”7条主干道和22条支路的绿化提档升级。南湖水系5条河道水环境提升取得明显成效，滨江风光带河西段沿线环境整治全部采用绿色材料和生态护坡工艺，执行环保监察最高标准，形成设施完善、精致精品、层次多样的沿江观景序列。河西中央商务区绿轴3.4万平方米屋顶花园工程建成开放，形成河西新城全方位绿色空间。加快推进渡江胜利纪念馆、宝船公园西区、万景园等公园建设，与绿博园、青奥体育公园、中央公园等构成风景珍珠链，形成具有历史文化展示功能的旅游休闲观光区。以热电冷三联供和江水源热泵为主，太阳能光热光电、土壤源热泵、污水源热泵等可再生能源系统为辅，实现可再生能源和清洁能源占比30%～40%的能源结构目标。在河西南部率先建成9.8公里大型市政综合管廊，将市政、电力、通信、燃气、排水等各种管线集于一体，配有完善的消防系统、排水系统、智能通风系统、节能照明系统、火灾报警系统、数字化综合监控系统，有效破解拉链式反复开挖造成的环境污染难题。在全市率先推广垃圾分类，覆盖率达66%；全区绿化总面积达1746.17万平方米，绿化覆盖率达43.5%；人均公共服务设施建筑面积15.8平方米，人均公园绿地面积17.99平方米；2011年，万元GDP能耗下降2.7%，2013年下降13.2%。

（二）幸福宜居内涵丰富，人文名片彰显底蕴

河西·建邺以宜居幸福作为建设现代化国际性城市新中心的出发点和落脚点，在全省率先制定了系统化的5-10-15分钟“宜居幸福圈”规划，启动总投资51亿元的128个项

目建设，即5分钟社区便民服务圈、10分钟教育服务圈、10分钟文化体育圈、10分钟就业与社会保障服务圈、15分钟优质医疗圈以及10分钟生态绿地网、社区安全网、便捷交通网。通过“5圈3网”建设，实现社区核心圈层的换代升级，形成国内一流、国际标准的生态智慧城市功能和服务配套。其中，依托轻轨、地铁交通网，在新城重点出入口和主干道设置LED显示大屏和交通诱导屏，建设电子站台，投放新能源公交车、电动出租车200辆，投放公共自行车5500辆，使用率达2.6万人次/天，初步形成“零换乘”的智慧交通系统。城中村危旧房改造基本完成，中和村经适房一期、二期，莲花村经适房一期、二期建成交付，总建筑面积达203万平方米，总套数约20700套，实施居民收入倍增和职业技能培训计划，建立运行低收入家庭增收互助基金，确保发展成果更多惠及普通群众，拆迁居民和城市中低收入群体的可持续发展能力不断提升。成功创建“全国义务教育发展基本均衡区”、“国家级餐饮服务食品安全示范区”。2011年以来，年均15000余人接受就业培训，新增城镇就业13000余人；城市居民人均可支配收入由29589元增加至36920元，年均同比增长10%；公众安全感和法治建设满意度均超过90%，被表彰为“省平安区”。

（三）产业发展质优效增，智慧名片彰显活力

以打造“泛长三角区域金融中心、长三角创新创意中心、文化体育中心、会议博览中心和南京都市圈商务商贸中心”为重要抓手，重点培育金融服务、信息软件、电子商务、广告创意、游戏动漫、生命科技等创新创意智慧产业。初步建成了一支“国家队”产业品牌，国家级广告产业园、国家级电子商务示范基地、国家级移动互联特色产业基地和中国（南京）游戏谷先后落地，其中移动、联通、电信三大运营商全国游戏基地全部落户游戏谷。出台了《建邺区关于加快新兴产业发展的实施意见》、《建邺区电子商务产业发展促进办法》、《文化产业发展专项资金管理办法》等一系列产业扶持政策，形成智慧产业发展的政策“洼地”。集聚菲律宾首都银行、韩国LIG保险等200余家金融（准）机构，金融机构省级以上地区总部规模占据全市三分之一强；雨润云中央、广电淘东西等80余家电子商务企业；德高梅迪派勒、银都奥美等120余家广告创意企业，2013年度完成广告经营收入近35亿元；原力动漫、炫彩互动等50余家游戏动漫企业；康缘药业、新坤生物等近90家生命科技企业；打造服务长三角区域的200万平方米的“会展城”，2013年举办了各类会展节庆活动1500余场，其中国际、全国性的大型展会40余场。总体而言，自2011年以来，主要经济指标增幅连续多年一直保持在全市主城区前

列，固定资产投资由201亿元增加到345亿元，公共财政预算收入连续三年同比增长超过20%，服务业增加值占GDP比重由76.7%增加到80.3%，其中，文化产业增加值和高新技术产业产值占GDP比重分别达到10%和18.6%。

（四）体制机制灵活高效，集约发展彰显特色

河西·建邺始终坚持高标准建设、高质量发展、高效率推进。依照国际标准，充分借鉴新加坡、中国香港等先进地区建设理念和经验，在省内首次编制规划设计、施工管理、城市管理三大导则，聘请国内外一流团队编制新城“十大规划”，建立以“监理的监理”为特征的“第三方总控”制度，确保新城建设提质提速。创新建立“委区一体化”机制，充分发挥河西新城区开发建设管委会和建邺区双方各自优势，实现资源的最优化配置，部分区内科创载体、基础设施等城建项目采取BT形式由指挥部国资集团代建，确保工程质量与速度。针对政府投资建设项目，以“制度+科技”为路径，通过加强顶层设计，提高科技预防水平，按照部门联动、齐抓共管、全程监控工作思路，以信息电子化、监管统一化为目的，创新构建信息共享、全面覆盖、重点监管、过程监管、绩效评价的政府投资项目信息监管平台，实现政府投资建设项目事前、事中、事后全过程监管，大幅提升政府投资建设项目的监管水平。

五、经验

（一）规划引领，专业化运作

编制规划设计、施工管理、城市管理三大导则，聘请国内外一流团队编制新城“十大规划”，建立完善综合指标体系，确保从源头抓品质，从总体上管控智慧型绿色生态新城的建设，为新城建设提供总纲性指导。创新建立河西管委会、建邺区一体化工作机制，充分发挥双方各自优势，实现资源的最优化配置。以生态技术工程中心和信息中心为骨干，引入专业机构和社会企业，组成专业运作团队，坚持一张蓝图绘到底，以青奥村和社会管理服务三级网络平台建设为突破口，以点带面，分步实施，整体推进，高标准、高品质推动低碳生态城和智慧新城建设。

（二）产城融合，市场化推动

充分发挥新城新空间、新产业、新体制叠加的“三新”优势，充分发挥政府资本“四两拨千斤”的杠杆作用，采用 BT、BOT等多种形式，多渠道筹措建设资金，引进

社会资本参与新城建设，与远大、宝冶等社会企业合作，创建河西远大能源公司以及河西公共自行车公司，高效推动河西新城冷热电三联供工程以及河西公共自行车工程的建设，以市场化运作模式推动公共设施的建设、运营和管理。按照载体集约高效、空间宜居宜业、产业特色鲜明的要求，着力打造产业高端、人才集聚的园区集群，突出生活空间与产业空间无缝对接，以科技、智慧型产业为引领，着力发展以生态科技和知识创新为核心的智慧经济，实现产城互促、产城融合。

（三）以人为本，网格化服务

以南京第一轮综合改革为契机，整合社建工委、综治办、民政局成立社会管理服务局，以居民需求为导向，实现人口、就业、社保、民政、卫生、文化以及综治、维稳、信访等管理职能和服务资源高度整合，实现职能全覆盖、空间全覆盖、人群全覆盖。科学配置、不断优化社区的各类结构性要素，进一步提高社会管理效率、提升社会服务水平。聚焦一网全联，搭建区—街—社区三级社会管理服务三级平台，以群众需求为导向，实现信息收集、信息发布“双畅通”，形成区域社会发展、和谐稳定的“大数据”，形成保障有力的社会管理服务新体系，为区委、区政府决策提供有效支撑。

河西·建邺经过十多年不懈努力，特别是经过亚青会、青奥会的洗礼，城市品质不断提升，人居环境显著改善，产业集群日趋成型，对外影响不断扩大。随着《中共中央关于全面深化改革若干重大问题的决定》和《国家新型城镇化规划(2014～2020)》的制定发布，新型城镇化的号角已吹响。河西·建邺将坚持以人为本、四化同步、优化布局、生态文明、文化传承的中国特色新型城镇化道路，促进经济转型升级和社会和谐进步，将顺应现代城市发展新理念、新趋势，推动城市绿色发展，提高智能化水平，增强历史文化魅力，通过绿色城区、智慧城区、人文城区建设全面提升城市内在品质，加快建设现代化国际性城市新中心和苏南现代化示范区。

南京市河西新城区（建邺区）区委书记：冯亚军

南京市河西新城区（建邺区）区长：张俊

南京市河西新城区（建邺区）智慧城市创建工作行政责任人：宗仁　开发建设管委会副主任

南京市河西新城区（建邺区）实施管理办公室：南京市建邺区信息中心

点评

点评人：王丹（研究员　建设综合勘察研究设计院）

河西新城区（建邺区）应南京市“一疏散三集中”、“一城三区”发展战略而生，具有独特的区位优势和发展先机。在认真分析区域发展定位、内涵特征和历史机遇的基础上，河西·建邺针对新城区建设中面临的资源环境刚性约束、社会治理多元复杂、主导产业选择培育等难题，抢抓青奥会历史机遇，创新实践生态智慧城市建设理念，有机地把规划建设、社会治理和产业发展进行融合，强化功能完善、品质提升和产业培育，推进区域政治、经济、社会、文化和生态的协调发展，成效十分显著。

河西·建邺积极探索适合较大强度开发地区的智慧型绿色生态新城发展之路，通过建立“指标、规划、技术、管理、市场、政策、行动”七维协同的规划建设管理运行模式，将智慧城市建设理念融贯开发建设管理各个环节；坚持顶层设计和问题导向，依托智慧新城网络平台，运用信息化、网格化、精细化等现代手段，构建“区—街—社区”三级社会治理服务平台，集聚全区各种资源，以社区为服务终端，形成全区资源自下而上的按需整合，实现社会治理从粗放向精细转变、从低质分散运行向高效整合运行转变；坚持现代化、国际性战略导向，以承接核心枢纽功能为抓手，以生态科技和智慧型产业为引领，着力提升城市发展能级，形成辐射南京都市圈和泛长三角区域经济增长极。

河西·建邺通过融入绿色低碳理念，引领城市规划建设；通过提升信息化水平，强化社会综合治理；通过发展智慧特色产业，推动产城高度融合。目前，“绿色、人文、智慧、集约”已经成为河西·建邺一张闪亮的城市名片，生态发展成绩斐然，幸福宜居内涵丰富，产业发展质优效增，体制机制灵活高效，城市面貌日新月异，城市功能日趋完善，城市品质不断提升，人居环境显著改善，产业集群日趋成型，对外影响不断扩大，区域发展充满朝气和活力，一座展示南京建设与发展成就的现代化新城正在迅速崛起。

该案例立足于河西·建邺的实际，针对智慧地推进新型城镇化过程中的城市新中心如何建、如何管、如何发展三个方面问题，进行了系统全面的分析和总结，并归纳了智慧新城建设的三点经验：一是规划引领、专业化运作；二是产城融合、市场化推动；三是以人为本、网格化服务。从取得的成效看，河西·建邺智慧新城的创建目标和实施战略，符合城区自身的发展方向和定位，符合新型城镇化发展的基本要求，科学性、指导性、实践性强。作为东部沿海发达省会城市的中心城区，河西·建邺智慧新城建设案例对于其他类似城市的规划建设和发展具有很好的借鉴意义。

以人为本　打造基于网格化管理的智慧城市公众服务平台　提升基层社会治理能力

——沈阳市沈河区创建智慧城市探索实践

【摘要】随着城市信息化建设的发展，沈阳市沈河区的城市建设主要经历了平安沈河、和谐沈河、数字沈河、智慧沈河等阶段，目前由数字城市逐渐向智慧城市转变。2009年，沈河区启动数字沈河及网格化城市管理建设，建立了沈河区基础数据库系统、数字城管系统和管网数据库系统。2011年，为了更好地支撑社会管理创新实践，建立了沈河区公共信息平台，建立了全区统一的数据交换平台，实现了对全区几十个业务系统数据的抽取，通过社会管理服务平台民生诉求、应急指挥、综合管理、市民服务、督办考评5大板块进行统一呈现，整合了全区62个部门的168部投诉电话，开通了统一的"96125"诉求服务热线，通过电话、短信、网站等多种信息渠道，为市民提供"全覆盖、全天候、全方位、全程式"服务。2012年，沈河区启动了应急管理系统建设项目，围绕省、市、区突发事件应急管理体系，在充分利用先进信息技术、网络技术、通信技术和应急信息资源基础上，以区应急管理平台为枢纽，以街道应急平台和相关部门应急平台为节点，以社区应急平台为端点，形成纵向贯通、横向衔接、互联互通、信息共享的三级应急指挥联动体系。进入智慧沈河阶段，沈河区强调在前期系统建设的经验和基础上，实现现有系统资源共享，进行全面深度整合，将全区有效的系统资源数据，实时相互交换与共享，整合城市管理、社会治理和公共服务资源，打造基于网格化管理的公共服务平台。通过智慧沈河创建，探索经济社会发展的新思路，促进沈河区产业转型发展、管理效能提升和服务模式创新。

一、背景

沈阳市沈河区是具有悠久历史的老城区，是今日沈阳的起源地，至今已有2300多年的历史。地域面积58平方公里，户籍人口73万，区内居住着汉、满、回、朝鲜、蒙古、锡伯等23个民族，下辖15个街道办事处109个社区，管理一个国家优化金融生态综合试验区——沈阳金融商贸开发区。

作为沈阳的中心城区，沈河区拥有得天独厚的区位优势和比较优势，在沈阳市乃至东北地区具有不可替代的地位，具有五个特点。一是地域面积小，为全市的1/450。二是人口密度大，人口总量为全市的1/10。三是经济含量高，2010年区划调整前，沈河区单位面积（每平方公里）税收达3.5亿元，区划调整后单位面积税收达1.6亿元；2012年，沈河区地区生产总值853亿元，财政一般预算收入完成91.1亿元，其中税收收入80亿元；实际利用外资完成近7.6亿美元；固定资产投资完成505亿元；社会消费品零售总额完成750.3亿元。四是服务业比重高，服务业增加值占全区GDP比重的88.3%。五是文化底蕴深，有“一朝发祥地，两代帝王都”的美誉。

沈河区所辖的沈阳金融商贸开发区，是中国除上海陆家嘴金融贸易区外唯一以金融产业为定位的开发区，是沈阳市的金融和商务中心。沈阳市委、市人大、市政府、市政协和市各民主党派及群众团体的领导机构以及四大宗教的领导机构都设在沈河区。沈河区是我国北方历史悠久的商埠和物流集散地。全国十大商业街之一的沈阳中街，距今已有400年历史，日均客流量60万人，是沈阳商贸业发展的缩影和名片，是沈阳市的商贸和物流中心。沈河区拥有沈阳市内三分之二以上的旅游资源。坐落在区内的沈阳故宫，是目前中国保存最完整的两大古典宫殿建筑群之一，已被收入世界文化遗产名录。

二、问题

30余年的改革，中国社会结构发生了深刻变化，其中最重要的变化就是单位人消失，城市人群逐渐转换为社区人。单位原本承担的一切责任，包括日常生活服务、医疗、教育、养老、伤残救助等全部转移到社会。而原有社会管理体系以重管理、轻服务、重上层、轻下层为特征，无法有效承担上述功能的转移。

对于像沈河区这样的中心城市老城区，人口密集，存在大量改制房和弃管小区，居民人员结构以本地老居民为主，退休人员比例较高，社会公共服务和管理缺失严重。此外，原有区、街道两级行政机构在责权分配上存在一定的不合理，权力条块分割，多头管理严重，导致群众很多问题无法得到及时有效的解决，满意度下降。再有，由经济发展带来的人口流动，社会快速发展带来的失业，拆迁等各种问题给社会维稳带来极大挑战，如何将社会不稳定因素遏制在萌芽状态，做到早知早化解，也是政府需要思考的问题。如何破解以上难题，适应社会群体由“单位人”向“社区人”转化，优化行政体制、建设社会体制，从而激发社区活力、提升服务能力，是区一级政府执政者必须深入思考解决的问题。

三、措施

（一）做好顶层设计，确立长期发展策略

如何破解以上难题，适应社会群体由“单位人”向“社区人”转化的新形势，沈河区政府大手笔地推进社会管理创新，建立创新的沈河社会管理的体制平台。按照“集约整合、高效管用”的工作思路，以公众服务平台为核心，搭建一个平台，构建 “一个中心、两个网络、三级平台、四级管理”的新型社会管理服务体系，进一步优化行政体制、建设社会体制、激发社区活力、提升服务能力，促进政府行政资源、公共服务资源更加贴近群众，实现工作重心整体下移，更好地落实中央政法委社会管理创新试点城市先行创新试点区的创建任务，形成完整成熟的社会管理创新模式，为智慧城市创建“一城一策”提供有借鉴意义的案例。

为此，沈河区委下发了《关于印发沈河区加强和创新社会管理工作若干意见方案办法的通知》，根据这一通知精神，沈河区构建了包含“一个中心、两个网络、三级平台、四级管理”的沈河区公众服务平台体系。

公众服务平台的建设涉及社会民生的方方面面，是沈河区政务体制改革由“管理型政府”向“服务型政府”转变的关键举措，是一项长期而复杂的工作。因此，做好顶层设计、科学制定公众服务平台总体规划是沈河区公众服务平台建设的根本保证。

公众服务平台的顶层设计和总体规划主要结合沈河区“十二五”规划等文件，在完成沈河未来5～10年智慧城市建设总体工作思路的指导下，论述并确定公众服务平台在建设方向、项目体系、体制保障、政策保障、资金保障等方面的发展方向和阶段性目标，改革和完善社会公共服务领域的投资体制，提高公共财政投资效率和公共服务质量，合理界定政府与市场的边界，探索社会力量参与基本公共服务体系建设之路。

（二）整合城市管理、社会治理和公共服务资源，打造基于网格化管理的公共服务平台

对目前正在使用的社会管理指挥中心平台进行优化完善，区分政府内部管理和民生

公共服务的板块功能，依托政务内网实施政府内部管理功能，依托互联网实施民生公共服务功能，基于数据共享交换平台，整合城市管理、社会治理和公共服务资源，打造基于网格化管理的公共服务平台。

公共服务平台核心为基于SOA（面向服务的体系结构）技术的数据共享交换平台，在信息安全的前提下，实现不同部门、不同系统之间的数据（如管网、市政设施、土地资源、危险源等数据）交换、审核和统计。政府内部管理平台，面向各委办局、政府部门提供办公OA、数据分析、审批流程、决策依据等功能，民生公共服务平台面向街道、社区、公众提供信息数据服务，在确保信息安全的基础上，通过服务接口与各政务系统进行一定程度的信息共享交换，交换信息可包括相关管理信息、业务办理信息、综合评价信息等，数据服务接口可实现对人口区域统计、人口查询、管网数据统计、市政设施查询、土地资源分析、危险源统计、应急物质储备库查询等业务系统功能的支撑。

建设基于云计算的沈河区智慧城市数据中心支撑平台，建设包括人口、法人单位、经济信息、空间地理、建筑物在内的基础信息库，制定智慧城市数据中心的标准规范和运行机制，大数据中心拉通政务管理、公众服务、企业经济等数据信息，立足沈河、辐射东北乃至全国，为政务管理、民生服务、商业经济提供智能数据分析，为各项政府决策提供数据支撑。

沈河区智慧城市数据中心的建设坚持以需求为驱动。在项目建设过程中，始终以满足业务应用的需要、管理监督的需要、领导决策的需要以及公众服务的需要为出发点，逐步完成沈河区智慧云数据中心的建设。为降低数据中心建设的项目风险，在建设过程中采用原型迭代法，即首先建立数据中心的最小功能集和最小数据集，然后不断扩充和完善系统功能和数据范围，做到边建设、边应用、边见效，以便有效控制数据中心建设的风险。

（三）深化网格化管理，完善数字化城市管理系统

1. 数字化城管系统

2009年，沈河区启动数字沈河建设之时，首先建立了沈河区基础数据库系统，即沈河区基础数据服务管理系统，建立了沈河区三维地理信息系统，建立了沈河区人口、房屋、单位三大基础数据库，初步实现对人口、房屋、事物、组织的精细化管理与服务。在此基础上，沈河区建设了基于网格化管理的沈河区数字城管系统，采用万米单元网格管理法和城市部件管理法、信息采集器（城管通手机）、多种数字城市技术的应用与整

合，以及建立监督中心与指挥中心等方式方法，构建起具有沈河自身特点的城市管理。

沈河区网格化城市管理平台，采用万米单元网格管理法和城市部件管理法，整合应用信息采集器（城管通手机）、多种数字城市技术，建立监督中心与指挥中心等，构建具有沈河自身特点的城市管理。实现整合政府网络资源、管理资源和服务资源，优化城市管理流程，发挥突发事件应急处置的能力；实现城建、城管、环保、卫生、执法等各部门的移动视频监督执法，创建长效管理机制，推进城市管理和服务的跨越式发展。

按照科学发展观和构建"和谐沈河"的要求，从更新城市管理理念入手，运用数字城市技术，整合政府网络资源、管理资源和服务资源，优化管理流程，细化管理单元，建立精确、高效、透明、全方位覆盖的城市网格化管理和服务系统，同时实现突发事件应急处置、监督和管理职责分开，确保政府职能部门管理和服务的责任和监督落到实处。

建立沈河区管网数据库系统。全面掌握辖区内管网运行情况，建立管网长效安全监管机制。重点对辖区内城市排水防涝设施进行全面信息采集，利用物联网技术对清淤管渠、检查井、雨水进水口、检修维护泵站进行实时监测，确保设施完好、排水排涝通畅。重点采集辖区内的石油天然气长输管线，危险化学品输送管道，人工煤气、天然气输配管网，热力管道信息，通过对各类管道信息的综合采集，及时预防和发现危险管道违章占压情况，避免各类非法开挖行为影响燃气、热力管网安全的情况。

2. 智慧应急

沈河区应急管理系统总体建设将围绕省、市、区突发事件应急预案体系，在充分利用先进信息技术、网络技术、GIS技术、通信技术和应急信息资源基础上，构建以区应急指挥平台为枢纽、以街道应急平台和相关部门应急平台（110、119、120等专项应急系统）为节点、以社区应急平台为端点的三级网络管理架构，形成纵向贯通、横向衔接、互联互通、信息共享、安全畅通的沈河区应急指挥联动体系，实现突发事件的监测监控、预测预警、信息报告、综合研判、辅助决策、指挥调度和总结评估等主要功能，以满足政府应急管理工作的需要。

（四）拓展网格化管理，创新社会治理信息系统

1. 平安沈河

按照构建现代化社会治安动态防控体系、建设"平安沈河"的要求，力争通过三至五年努力，采用先进的数字视频压缩处理技术，建立起覆盖全区重点部位、街路、社区、园林绿地及学校内部的网络视频监控系统平台，形成统一协调的动态视频管理和指挥系统。数字视频监控系统建设将分为三级监控平台。区委、区政府建立监控中心；公安、城管、行政执法、环保、安监等相关部门和街道办事处建立二级监控平台；派出所和社区建立三级监控平台，实现对城市管理秩序的动态监控。

沈河区视频监控系统覆盖范围主要在“三区三口”，即居民住宅小区、金融网点集中区、人口密集区及治安案件多发区，重点街路口、重点单位及学校门口、城区出入口等重要部位设立监控点，力争在2015年底全区监控点位超过6000点，其中高清摄像头比例超过40%。

2. 智慧社区管理服务平台

依托区公共信息平台，构建社区公共服务综合信息平台，通过信息的共享利用，为各部门提供跨部门的信息查询和协同，进一步加强政府内部服务能力的整合，按照区行政职能的相关规范，将区政府的各项服务职能向社区延伸。一方面，社区成为服务资源投放的主体，区内各种服务产品资源将通过制度化的配置方式更多配置到社区，由社区根据实际情况投放；另一方面，遍布社区的公共服务网点将成为政府与市民间的主要交互界面，支撑民生服务平台的建设，支持服务前置，简化办事流程，更好地实现民生工作四个全覆盖要求，切实做到多用信息少用管制，多用信息多利群众，进一步丰富“智慧之区、幸福沈河”品牌内涵，保持沈河区在民生服务领域的全国示范领先地位。

3. 建设政府行政效能管理系统

通过公共信息服务体系的建设，实现政务信息资源的有序共享，激活现有信息资源，发挥信息资源的关联效应，建立起政府信息化投资成果的累积效应，逐渐形成快速准确的政务信息采集、处理和综合供应能力，支撑沈河区打造信息型政府，实现决策依据数据化，促进政务效能提升。

（五）融合网格化管理，创新公共服务系统

市民公共服务平台建设工程。建立政务信息查询门户，扩大网上办事范围，促进全市行政审批和公共服务网上办理，推动各级实体性行政办事大厅功能向网上办事大厅迁移；延伸服务深度，以社区为支点，全面推进网上办事社区化、就近化；推进电子政务服务流程优化整合，提升网上办事便捷性。建设移动办公管理系统，利用移动办公系统随时发布通知、通报、通告、审批等事项，也可随时召开移动视频会议等。

96125民生服务。96125诉求服务热线系统整合了民生诉求热线系统的全部功能，并

融入“民生优先、民需优先”的服务理念，将“方便群众、群众满意”作为服务宗旨，充分利用现代化信息手段，通过电话、短信、网站等多种信息渠道为居民提供“全覆盖、全天候、全方位、全程式”跟踪监督服务，建立集民生诉求、政务咨询、家庭服务于一体的服务管理平台。

四、成效

随着城市信息化建设的快速发展，沈河区近十年的城市建设发展历程，主要经历了平安沈河、和谐沈河、数字沈河建设。区委、区政府决定将数字城市逐渐向智慧城市转变，倾全区之力，努力打造“智慧沈河”，为居民创造更美好的城市生活。

2009年，沈河区启动数字沈河建设伊始，首先建立了沈河区基础数据库系统，即沈河区基础数据服务管理系统，建立了沈河区三维地理信息系统，建立了沈河区人口、房屋、单位三大基础数据库，初步实现对人口、房屋、事物、组织的精细化管理与服务。

2011年，为了更好地支撑社会管理创新实践，建立了沈河区公共信息平台体系架构，基于SOA技术建立了区统一数据交换平台，实现了对全区几十个业务系统数据的抽取，并通过社会管理服务平台民生诉求、应急指挥、综合管理、市民服务、督办考评5大板块进行统一呈现。

除了完成后台资源整合和平台建设外，在社会服务前端，沈河区整合了全区62个部门的168部投诉电话，开通了“96125”诉求服务热线，并融入“民生优先、民需优先”的服务理念，将“方便群众、群众满意”作为服务宗旨，充分利用现代化信息手段，通过电话、短信、网站等多种信息渠道，为居民提供“全覆盖、全天候、全方位、全程式”跟踪监督服务，建立集民生诉求、政务咨询、家庭服务于一体的服务管理平台。

2012年，沈河区启动了应急管理系统建设项目，围绕省、市、区突发事件应急管理体系，在充分利用先进信息技术、网络技术、通信技术和应急信息资源基础上，以区应急管理平台为枢纽，以街道应急平台和相关部门应急平台为节点，以社区应急平台为端点，形成纵向贯通、横向衔接、互联互通、信息共享的三级应急指挥联动体系。

数字沈河建设阶段，在沈河区基础数据服务管理系统基础上，沈河区建设了沈河区数字城管系统，采用万米单元网格管理法和城市部件管理法，整合应用信息采集器（城管通手机）、多种数字城市技术，建立监督中心与指挥中心等，构建具有沈河自身特点的城市管理。

进入智慧沈河阶段，沈河区计划围绕社会管理创新工作，着力打造社会管理服务三级平台，配合事权改革实现资源整合，形成数据层面互联共享、业务层面纵横联动的新局面。

在前期系统建设的经验和基础上，要实现现有系统整合资源共享。要在社会管理服务指挥平台基础上，进行全面深度整合，将全区有效的系统资源数据，实时相互交换与共享。按照行业服务范围，利用功能模块进行深度整合，实现各个系统的分类管理、集中应用。主要包括：数字化城管系统、96125民生诉求系统、96125呼叫系统、96125家政服务系统、应急指挥系统、视频监控系统、基础信息数据库、沈河区绩效考评系统、沈河区OA办公系统、特殊人群管理系统、在线信访管理系统、智能电网资源整合等，这些信息系统与智慧城市建设密切相关，最终实现统一门户、规范管理和服务。

随着加强和创新社会管理工作不断深入和沈河区区域重新规划调整，平台各个子系统完善升级势在必行，因此，要以打造智慧城市为契机，全面提升社会管理服务质量，达到有效高效的目标。需要完善和升级的子系统主要包括：基础信息数据库、应急管理指挥系统（责任单位达到系统全覆盖，建立应急响应制度）、数字化城管系统（建立三级管理机制实现PDA手机资源共享）、视频监控系统（智慧视频、分类分时巡航）、96125民生诉求系统（与数字化城管系统部事件统一标准统一考核）、96125家政服务系统（建议区级与智慧服务平台整合）、96125呼叫系统。

通过智慧城区创建，探索了经济社会发展的新思路，促进沈河区产业转型发展、管理效能提升和服务模式创新。

（一）提升区域产业发展

依托金融开发区作为国家级优化金融生态综合实验区的政策环境优势和深厚历史积淀，探索建设互联网金融服务体系，全力打造产融结合的创新模式；规划建设沈河区智慧城市投融资平台，打破资金瓶颈，为沈河区智慧城市建设提供充足的资金支持和投融资服务；抓住国家建设智慧城市带来的历史性机遇，积极争取国家级智慧城市投融资平台项目，在沈河区打造全国智慧城市发展“现金池”。

利用超大容量、超高速的数据中心等相关的计算技术打造完善的电子商务平台，完成以商业模式创新为灵魂的三大商贸中心的产业升级，保持沈河区商贸之区的优势。特别是以皇城区商贸聚集中心中街为核心代表的商贸区，要牢牢把握创建国家智慧城区的历史性机遇，积极争取国家政策和资源，发挥自身优势和特点，全力打造具有全国示范

效应的智慧商贸区

针对东部地区发展现状，引入和培育信息设备制造产业、信息服务产业与信息内容产业，增强对其他功能区乃至国内其他地区产业发展的后台服务支撑能力，探索智慧产业与城区建设融合发展的新模式。

（二）提升公共服务水平

进一步深入社会管理创新工作，加强社区服务平台建设，加强政府面向市民的公共服务界面建设，把政府的管理和服务触角通过网络和信息技术延伸到千家万户，并让全区终端用户的需求，通过网络反馈到公共服务平台，从而完成全区智慧城市网络“最后一米”的接入。加强全区公共事业的智慧化提升工作，着力打造智慧教育、智慧医疗、智慧交通、智慧能源、智慧环保、智慧安全、智慧社区等领域的重点工程，形成功能完善的民生环境，进一步提升首善之区品牌。

（三）提升城市建设水平

加强地上建筑物和地下空间建设规划管理，变采集和使用“样本数据”为采集和使用“全部数据”。全面开展沈河区管网信息的收集、普查工作，将新建管网数据纳入全区大数据中心作为建设审批的必要环节，建立完善的沈河区地下管网综合管理系统，更好地为城市建设管理服务。以“规划为导向、项目为核心、监控为主线”，基于GIS建立全方位、全周期、直观化、可视化的全区建设管理平台，对沈河东部新城大规模开发建设过程中涉及的新城规划、建设规模与土地指标、征地拆迁和百姓安置、工程监管、产业发展等问题进行信息的综合采集和管理，提升东部新城建设的智慧化水平。

（四）提升政府管理效能

充分发挥信息资源的关联效应，着力解决当前“数据多但用不上，有数据但用不好，有信息但找不着”的政府数据使用效率低下的问题，实现全区行政机关数据共享，实现预测决策数据化。充分运用电视电话、网络视频等现代信息技术手段，降低会议成本，提高办事效能，推动信息公开。建设完善沈河区公共信息服务系统，增强信息收集、整合和应用水平，实现由“政府提供什么，社会就享受什么”向“社会需要什么，政府就提供什么”的转变。

五、经验

（一）推动政府内外部职能定义明晰化

民生事务处理分为内部、外部两种方式，内部指对于在政府职能范围内的进行有效处理，外部指采用市场化运作的方式来进行解决。而对应的智慧城市平台也分为内外两部分：

内部：通过智慧城市建设来梳理各职能部门之间的业务，明晰政府各部门职能定义与划分，采用信息化的方式固化进去。对于政府服务的项目平台，按照政府职能进行细分，服务项目智能分配到相关的政府职能部门在规定的时效内进行处理，并纳入政府绩效考核。

外部：通过外部服务调用到政府内部可公开的信息资源，获取社会外部信息，两者之间能够互联互通。企业或公众采用购买与订购的方式，方便迅速获取到所需要的信息查询、交流等服务。

（二）紧抓网格化管理，使城市管理、社会治理和公共服务更加精细化

数字化的城市管理本质是更新城管观念，提高城管效率，提升城管水平，全面提升城市日常和应急管理水平。在数字城管的基础上，拓展融合社会治理和公共服务，使城市管理、社会治理和公共服务更加精细化。

（三）建立公众服务的数据整合共享，优化基础数据动态更新机制，业务应用联动

智慧城市平台建设核心之一是数据互联互通，数据的承载在于流程，通过智慧城市建设打破传统政府部门之间的界限，将会使部门林立、条块分割、等级森严的结构关系发生改变。信息传递方式的变化使各级政府分享信息的关系从垂直化变成水平化，政府可以对复杂、多样的数据和事实实行一体化的知识管理，提高信息收集和分析的质量，促进决策方式的转变和决策水平的提高。

云计算中心的建立，使计算能力、存储能力等可做到按需获取，同时使接入的业务应用服务化，随需而变，通过灵活的云架构使得智慧城市平台成为开放性的平台，企业、公众共同参与建设。

（四）拓展民生服务平台，建立持续运营的民生服务模式

智慧城市应该更加贴近民生，以往民生支持力度不足，在于没有体系化的平台运作，而且很多方面也没有完全涉及，智慧城市建设可进一步拓展政府的服务项目，通过平台指引与支持可拓展民生服务，如培训、就业、养老等。

民生服务可持续化，需要采用市场化的运作方式，引入企业投资与运营，依托市场化运作为民众提供社会服务的交易平台，持续化运作模式将引入社会力量参与建设，节省政府财政资金。

沈阳市沈河区委书记：王健

沈阳市沈河区区长：曾波

沈阳市沈河区智慧城市创建工作行政责任人：曹连全　副区长

沈阳市沈河区智慧城市实施管理办公室：区政府

点评

点评人：杨崇俊（研究员　中国科学院遥感与数字地球研究所）

随着城市的不断发展，每一个阶段都会出现一些具有特色的建设任务。沈阳市沈河区的城市建设经历了平安沈河、和谐沈河、数字沈河、智慧沈河等阶段，在每一个阶段都取得了显著成就。受各种限制，早期各个阶段具有“智慧”特征的工作，均属于“专题性智慧”，基本上是从一个侧面单维度地解决相关问题。现在需要将城市管理、社会治理和公共服务资源等各类资源进行全面深度整合，实时相互交换与共享，由数字城市逐渐向智慧城市转变，从而实现“专题性智慧”到“综合性智慧”的转变。沈阳市沈河区强调在前期系统建设的经验和基础上，通过各类网格化管理、公共信息服务平台、数据交换中心、公共服务中心等，实现现有系统资源共享，打造基于网格化管理的公共服务平台。

实现“专题性智慧”到“综合性智慧”的转变，网格化管理是一个重要手段。通过网格化、精细化管理，可以对城市管理、社会治理和公共服务等任务，进行精细分类和标准化，实现快、准、好地反映事件、处理问题和百姓投诉。在城市管理、社会治理、公共服务、公共安全、村镇管理服务等方面逐步实现“多种类网格化管理的融合”，使网格化管理与社会化服务深度融合，扎实推进智慧城市建设和运行。

沈阳市沈河区的主要领导高度重视，制定整个工作的发展战略方针，更是一条非常重要的经验。

大力整合资源　创新社会管理　提升民生服务

——兰州市创建智慧城市探索实践

【摘要】近年来，随着经济和社会快速发展，兰州市在社会管理、民生服务、城市养老等方面面临着民生服务需求多元化、老龄化加速发展、信息化管理水平不高等问题。兰州市政府在创建“智慧城市”过程中，发挥市场配置资源的作用，大力整合资源，创新社会管理，探索社区居家养老服务体系，创立了党委政府与社会力量联动的“民情流水线”和“虚拟养老院”，建成了兰州市三维数字社会服务管理系统平台，提升了民生服务能力，提高了行政管理效能，为广大群众生活提供更多便利。

一、背景

兰州地处我国陆域版图的几何中心，是一座历史悠久、文化灿烂、充满活力的西部城市，是我国重要的工业基地、交通枢纽和商贸中心，历来就有“黄河明珠、山水名城、丝路重镇、水车之都”的美誉。兰州市现辖城关、七里河、西固、安宁、红古5个区和永登、榆中、皋兰3个县，市域总面积1.31万平方公里，常住人口360多万人，其中城镇人口190多万人。有汉族、回族、藏族、蒙古族、东乡族、裕固族、保安族等36 个民族。2013年，全市生产总值1776.8亿元，增长13.4%。其中，第一产业增加值49.67亿元，增长6.7%，第二产业增加值820.42亿元，增长13.5%，第三产业增加值906.74亿元，增长13.6%，第三产业比重稳步提升并占到生产总值的一半以上。

兰州是西北重要的科研基地，拥有以兰州大学、中科院兰州分院为主的各类科研和开发机构近1200多家，以兰州重离子加速器为代表的国家重点实验室9个，国家级、省部级工程技术中心和试验基地28 个，各类专业技术人员近25 万人。兰州先后被评为国家级创新型城市、国家智慧城市试点城市、国家级物流节点城市、现代工业物流示范城市、地理空间框架建设项目试点城市、全国首批信息消费试点城市、国家电子商务示范城市、国家“三网融合”试点城市、国家级信息化和工业化融合创新试验区、国家石化新材料产业化基地、国家级文化和科技融合示范基地、国家火炬计划软件产业基地等。

近年来，兰州市委、市政府高度重视信息化建设工作，于2010年启动了“数字兰州”建设工作，建成使用的“一网”即市电子政务网络、“一站”即政府门户网站群、“一卡”即兰州市民卡、“一号”即以12345民情通服务热线为核心的政务公开和政民互动体系，以及以市数据中心、市政府应急指挥中心为中心的信息资源共享系统，以市级统一的办公系统平台、市政务信息资源共享交换平台、市三维数字社会服务管理系统平台、市级统一的行政审批和电子监察系统平台、市政务信息化应用云平台五个业务协同和信息惠民的支撑平台，全面推行城市网格化管理体系，深入推进数字城管，建立基于物联网的智能交通和农业远程诊断等服务系统，创建“虚拟养老院”新模式，有效提升了公共服务和政务管理信息化水平，增强了民生领域信息服务能力，基本实现政务信息资源共享，为智慧城市创建工作奠定了良好基础。2013年全面启动 “智慧兰州”建设，坚持高起点谋划、高标准要求，基层先行、试点先行、以点带面的方针，强化顶层设计，强化基础应用，强化服务支撑配套。为有效提升民生服务水平，强化信息化在民生领域的深化应用，在七里河区西湖街道“民情流水线”和城关区“虚拟养老院”的基础上，自主研发了兰州市三维数字社会服务管理系统，探索了符合兰州实际的智慧城市惠民工程建设之路。

二、问题

一是近年来随着我国经济和社会快速发展，经济体制、社会结构、利益格局和人们的思想观念发生深刻变化，人员流动不断加快，就业方式趋于多样，人户分离的现象日益增多，特殊人群逐年增加，新的社会组织不断涌现，兰州市在行业管理、社区管理、城市养老、民生服务等方面面临着新的形势和要求。

二是人口老龄化加速发展，老年人口基数大、增长快并呈现高龄化、空巢化趋势，需要照料的失去或者部分失去生活自理能力的老人数量剧增，养老问题成为当今社会的一大难题。

三是各类日常工作数据采集大多由各行业部门从各自工作系统统计，或采取社区专干入户摸底的方式，基层工作人员工作量大，不仅重复劳动，而且部门与部门之间数据没有互通共享，不同部门采集的同一数据口径不一，结果不一，造成各类数据底数不清、数据不实。

四是基层信息化建设纵强横弱，缺乏信息资源的互联互通，信息孤岛现象普遍，只求高配置、全功能，忽视对工作流程、工作职责的优化和调整。而且基层传统的服务管理模式和社会公共服务及管理体系尚不完善，已无法满足人们日益增长的多元化需求。

三、措施

（一）基本思路

目前，兰州市面临着民生诉求多样化、利益多元化、服务个性化、方式便利化的新形势。信息技术作为当代最先进、最活跃的生产力，对民生领域发展正在产生积极的倍增作用和催化作用。为有效解决上述问题，兰州市委、市政府把推进民生领域信息化作为创建“智慧兰州”的重大举措，启动实施了“智慧兰州”信息惠民工程建设工作，通过创新社会管理，探索“虚拟养老院”模式，发挥市场配置资源的作用，将现代信息技术与“民情流水线”工程以及“虚拟养老院”模式有效融合，建立社会居家养老服务体系，使更多的老人享受到优质、贴心的家居养老服务；整合现有系统，实现系统间的互联互通，提高系统使用效益，满足社会服务多元化的需求；采用购买公共服务的方式，避免硬件设备的重复配置和资源浪费，节约成本，资源共享，提升服务和管理水平；以社区党组织为领导核心，社区楼院长、网格负责人、网格员等为主要信息采集队伍，即时将各类数据报送至三维数字社会服务管理系统，各部门所需数据均通过三维数字社会服务管理系统平台获取数据，实现数据采集口径统一、结果统一、分类共享的数据资源服务管理新模式，从而保证数据的统一性、规范性、真实性。自主研发的三维数字社会服务管理系统平台，以“整合基层资源、创新社会管理、服务社会民生”为目的，加快民生领域信息化进程，促进信息化与民生领域的深度融合，进一步发挥信息化对保障和改善民生的支撑性和带动性作用。

（二）实施过程

兰州市三维数字社会服务管理系统平台是将现代信息技术与“民情流水线”工程和“虚拟养老院”有效融合，旨在提升兰州市社会服务管理水平，于2011年先在全市5区52条街道391个社区建成了三维数字社会服务管理系统。2012年1月，通过整合区级三维数字社会服务管理系统，经过一年多的建设和3个月的试运行，兰州市三维数字社会服务管理系统平台于2013年5月27日正式投入使用。

“民情流水线”工程是适应新形势下加强街道社区党建工作和创新城市基层社会管理的需要，以民情受理、限期办理、公示反馈、跟踪监督四道程序依次运作，以一系列便民利民措施为载体的社区服务管理体系。2007年，兰州市七里河区西湖街道以“察民情、晓民意、解民困、助民忧”为目的，按照工厂流水作业方式，为规范街道社区服务管理程序，畅通民情民意反映问题渠道，强化基层组织建设、制度建设，为民办实事、办好事，建成了党建惠民品牌“民情流水线”工程。“虚拟养老院”是兰州市城关区于2009年率先在全国建成的首家由政府主导、市场运作、社会参与的新型养老服务机构（平台由政府搭建，政府管理，并由政府提供政策、资金支持；服务由加盟企业具体承担，各企业独立核算，自负盈亏；人员由义工、志愿者和爱心人士的资金捐助构成）。2013年6月，为充分发挥兰州市三维数字便民服务网功能，为老龄人群提供全面优质服务，方便老龄人群日常生活需要，在足不出户的情况下感受三维数字便民服务网带给老龄人的居家养老服务，虚拟养老院与三维数字社会服务管理系统平台进行了数据采集和系统平台对接。

兰州市委、市政府按照甘肃省委、省政府大力推广“民情流水线”工程的要求，全力推动三维数字社会服务管理系统的推广应用。2012年3月8日，工业和信息化部同甘肃省政府在北京签订了《全面加快三维数字社会管理系统建设大力推广民情流水线工程合作协议》，支持成立了三维数字社会管理系统标准应用联盟。在工业和信息化部与甘肃省政府的大力支持下，三维数字社会服务管理系统在甘肃省14个市州进行推广应用，并在山东、山西、四川、青海、宁夏等9个省市自治区的一些市、区推广应用。

（三）建设内容

兰州市三维数字社会服务管理系统平台是兰州市民生领域信息化的一大创新模式。该平台集“政务服务、事务办理、商务服务”于一体，在全市3县5区52个街道391个社区1482个网格以及市、区（县）各部门建成应用，加盟各类服务企业260多家。平台建成了民生服务和社会管理两大基础平台，整合了兰州市各类服务热线、数字城管系统、视频监控、应急指挥、协同办公系统等信息资源；建立了“民情通”呼叫服务中心、公众服务中心、网格化社会管理中心、应急指挥中心和城市管理中心；依托人口数据库、法人数据库、基础地理数据库和视频监控信息库等，构建了纵向到底的市、区、部门、街道、社区和网格楼院六级联动与横向到边的部门间互联互通的社会服务管理新模式，实现了应急指挥、呼叫服务、三维便民服务网、城市管理等工作的统一调度指挥，推动了虚拟养老院在兰州市的全覆盖，极大地提升了兰州市社会服务管理水平，促进了全市各部门间的协调联动，提升了政府工作的透明度，加强了公众对政府工作的监督，节省了政府部门的工作成本。

同时将“虚拟养老院”开展的送餐服务、生活照料、家电维修、卫生医疗、保健康复、日常陪护、家政便民、心理慰藉、法律援助、娱乐学习、临终关怀等11大类230多项服务涵盖在内；建成了“虚拟养老院”注册老人信息库，将注册入院的老人划分为A、B、C三种类型，其中：A类服务对象为“三无”、困难“空巢”和农村“五保户”等重点老人群体，由政府出资开展一般性居家养老服务（补贴标准为：A1类310元/人/月，A2类180元/人/月，A3类50元/人/月）；B类服务对象为重点优抚对象，政府每月给予50元的服务补贴；C类服务对象为有经济收入，或生活条件较好的老人群体，自己购买虚拟养老院提供的服务，但服务价格比市场价优惠20%，老人通过拨打12345民情通服务热线享受服务。

整合基层130多项业务工作，建成包含党建管理、计划生育、综合治理、社会保障、城市管理等20大业务管理模块，研发了实有人口管理、网格化层级、三色房态可视化管理等16大社会管理系统和“民情通”呼叫中心、便民服务网等10大民生服务系统，设计了集电子监察、二三维一体化分析比对研判、社会治安稳定风险评估、党风廉政建设风险预警于一体等10大服务管理辅助决策系统，实现多元异构数据的共享与集成，为兰州市各级政府的工作建立一个规范、统一、共享的数据管理与服务平台，将各类信息系统以及信息源进行最大程度的整合，不仅从根本上避免了信息孤岛的出现，而且由于在汇集过程中产生了大数据和新价值，大大提升了信息资源应用能力和信息服务能力，推动了“智慧兰州”建设。

（四）工作模式

兰州市三维数字社会服务管理系统平台可概括为“12345”工作模式。

一个系统。即全市三维数字社会服务管理系统，整合人、地、物、事、组织等各类基础信息，实现网络互联互通、信息共享共用。

两个平台。即民生服务平台和社会管理平台。民生服务平台主要有两大品牌，即12345民情通服务热线和三维数字便民服务网，通过网络、信箱、短信、传真、微信、QQ、微博等方式，受理群众诉求，实现网上办事，为市民提供24小时全方位、全天候服务；建成市民公共服务平台，面向市民提供医疗、社保、教育、养老、就业、社区服务、物流配送、政府信息共享等8项信息惠民服务。为群众生活提供更多便利，实现居民足不出户就可享受各类社区服务的目标。社会管理平台就是纵向贯通市、区（县）、街道（乡镇）、社区（村）、网格、楼院，横向覆盖市、区县各部门，街道（乡镇）、社区（村）各服务窗口的“六级网格服务和四级平台管理”，实现社会管理的精细化、层级化、常态化和制度化。

三大数据库。即实有人口数据库、法人数据库、空间地理数据库。实有人口数据库实现对所有人口的动态化管理；法人数据库涵盖全市所有的企事业单位和各类经济组织的情况、数据；空间地理数据库通过二维、2.5维、三维和实景三维真实地展现全市的空间地理和情况数据。

四大整合。即语音整合、视频整合、数据整合、业务整合。

语音资源的整合是将全市47部公共服务热线和生活服务热线整合于12345一个号码，实现语音转接、热线问答、在线咨询、便民服务、应急服务和投诉建议等一号受理、分级办理、各级联动、方便市民的服务管理模式，让每一个生活在兰州和来到兰州的人，都能够通过拨打12345民情通服务热线，享受到周到的政务服务和生活服务。

视频资源整合。兰州市将公安、城管、交通、环保、安监以及各区县自行建设的1.9万多个视频监控探头进行了整合，实现视频资源的共享共用。

数据资源整合。将全市各业务部门的数据资源通过系统平台进行整合，实现信息的统一采集、统一维护、统一共享，同时对各类数据进行分类汇总统计。

业务工作整合，将基层137项业务工作统一整合于20大工作模块，形成一体化、智能化的工作系统，各级各部门既可以在统一的大平台上互联互通、资源共享，又可在各自的平台上开展业务管理服务。

五个在线。即焦点在线、化解在线、舆情在线、应急在线、效能在线。

焦点在线将全市重点工程、重点部位、重点场所、重点人群等纳入三维数字社会服务管理系统进行全方位监控管理，将重大决策、重大政策、重大改革、重大建设项目、重大民生项目列入风险评估范围，研发网格化社会稳定风险评估系统，通过建立一整套风险评估的预警机制，科学预防矛盾纠纷及突发事件。

化解在线就是通过层级网格化的矛盾排查预警机制，从矛盾纠纷的受理、调处、承办、上报四个环节，通过矛盾纠纷排查预警系统实时统计和反映矛盾纠纷调处化解动态，做到及时发现矛盾纠纷，科学研判矛盾纠纷，及时化解矛盾纠纷。

舆情在线通过运用搜索引擎、大规模的文本处理、自然语言处理等技术，对市、区（县）各部门、街道（乡镇）、社区、网格、楼院六级海量信息进行自动抓取、清洗、分类监测和话题分析等智能处理，实现舆情的第一时间发现、第一时间引导、第一时间应对和第一时间处理。

应急在线。三维数字社会服务管理系统在应急处置中，最大的特点是各类信息数据的即时性和有效性。通过在楼院建立“六位一体”的信息采集队伍，每天通过网格员的无线手持智能终端即时更新维护各类信息。可通过地理信息多边形框选功能，第一时间提供突发事件现场的第一手资料，为各级领导的科学处置突发事件提供决策依据。

效能在线。三维数字社会服务管理系统改变了以往对各区县、各部门和基层工作考核单一、手段落后的问题，将社会服务管理的各项工作进行全过程的信息化监管，通过实时分析、实时跟踪、自动追溯、保留痕迹、综合查询等智能监管功能，全面、准确、客观地考核评价全市各级各方面社会服务管理的工作实效。

（五）保障措施

“智慧兰州”信息惠民工程是一项系统工程，量大面广，内容繁杂，不是一朝一夕就能完成的，更不是简单的大规模基础设施建设和技术产品的堆积就能实现。兰州市通过实行强有力的统一领导、协调和管理，一方面将各项推进措施与实际情况紧密结合，将其真正落到实处；另一方面在建设过程中不断完善相关政策法规和技术标准规范，并对其执行情况加强监督管理，扎实推进智慧城市建设。2010年，兰州市成立了以市长为组长，分管市长任副组长，30多个部门为成员单位的信息化领导小组，领导小组办公室设在市政府办公厅，市政府办公厅隶属正处级建制的兰州市数字城市建设办公室负责具体工作。2013年，为了创建智慧城市，在信息化领导小组内增加了兰州市创建智慧城市和开展信息惠民工程的工作职责。领导小组负责部署总体工作，协调跨部门工作，指导各责任单位承担项目的实施，协调各参与单位任务推进中的衔接，负责与国家部委的工作沟通，负责兰州市创建智慧城市和开展信息惠民工程发展战略。兰州市数字城市建设办公室具体负责全市信息化规划、协调、指导，承担创建智慧城市相关项目包括兰州市三维数字社会服务管理系统平台建设运维工作。兰州市三维数字社会服务管理系统平台由兰州市社会服务管理局隶属正处级建制的兰州市三维数字社会服务管理中心负责日常运营管理。

四、成效

兰州市三维数字社会服务管理系统平台于2013年5月27日投入应用以来，通过对2013年的半年统计，共计提供各类服务1730801次，平均每天近1万次，有效解决了基层管理中资源不能共享、重复投资、重复劳动、工作效率低等问题，提高了社会服务管理工作水平，促进了民生事业的发展，受到了中央领导的充分肯定和广大群众广泛赞誉。习近平、俞正声、贺国强等中央领导人分别前往兰州市七里河区西湖街道进行了调研，充分肯定了“民情流水线”工程在基层社会服务管理信息化创新中的作用和意义，对自主研发的三维数字社会服务管理系统给予了高度肯定。

（一）满足人们日益增长的多元化需求

当今社会网络和信息技术迅猛发展，手机、电脑已在城市家庭中基本普及，传统的服务管理模式和社会公共服务及管理体系已无法满足人们日益增长的多元化需求。至2013年11月，该平台的12345民情通服务热线共受理咨询、投诉、求助、建议等各类诉求559608件，平均每天3498件。包括政府公共服务类326158件，市民生活服务类233450件。其中，即办件389655件，转办件169953件；紧急件13132件，一般件546476件。截至目前，办结551215件，办结率98.50%，办理结果满意率85.86%，广大群众对12345民情通服务热线满意率达到99.23%。便民服务网共提供各类服务375185次，平均每天2345次。其中，在线办事服务73764次、查询服务156523次、生活服务117409次、信访投诉27489次。

（二）用信息化方式改进养老问题

兰州市原有的养老模式是靠实体养老机构来解决，但“两山夹一河”的特殊地理位置导致城区可用土地不足，同时，兰州地处不发达的西部地区，在没有大量资金投入的条件下建一个实体养老院成本非常大，面临养老需求大与现有养老机构床位严重不足的供需矛盾，“虚拟养老院”的出现有效解决了这一问题。平台目前共加盟各类服务企业260多家，其中，建成虚拟养老餐厅61家，养老社区医疗站55家，拥有社区助老员、义工、志愿者等专、兼职服务人员共1万多人，截止到2013年12月，共提供各类服务514248次，其中，居家照料类服务136079次、家政及维修类服务5980次、送餐类服务366182次、居家陪护类服务270次、医疗保健类服务5737次。政府加大财政补贴力度，共补贴

4436.8万元，实现了“用得起、又方便”的目的。

（三）发挥信息化管理的优势，提升社会管理工作的效率

自2013年5月27日至2013年11月底，数字城管系统共实现各类信息更新上报281760次，平均每天更新上报1761次。其中，城市部件信息上报90768次（包括园林绿化7620次、其他设施1284次、房屋土地36次、市容环境1332次、公用设施66700次、道路交通13796次），城市事件信息上报190992次（宣传广告8116次、施工管理15144次、街面秩序19144次、扩展事件84次、市容环境59048次、突发事件89456次）。

（四）全面实现了城市网格化管理的新模式

2013年12月，兰州市开始全面推行城市网格化管理，依托兰州市三维数字社会服务管理系统平台，以条块融合的扁平化网络管理为载体，深化和完善市、区、街道、社区、楼院分级负责的城市管理体制，将城市四区划分为49个一级网格、338个二级网格和1482个三级网格。通过加强对单元网格的部件和事件巡查，形成横向到边、纵向到底，不留空白、不留死角的城市网格化监管工作体系。小到个人焚烧垃圾，大到企业违规排污，在网格化管理构建的大巡防体系下，各类污染行为得到及时的发现和制止。实现城市管理常态化、信息化、无缝隙、全覆盖，切实提升城市管理的科学化、规范化、精细化水平。

五、经验

（一）降低公共行政成本

“三维数字社会服务管理系统”整合办公自动化、管理信息、决策支持等功能，实现了信息的网络化传输和公文的电子化处理，不仅提高了信息传递的速度和效率，也使得行政运作成本大大降低，减少不必要的重复投资建设。

（二）提高基层行政效能

“三维数字社会服务管理系统”改变了传统政务存在的缺陷，提高了街道、社区的工作效率，在促进街道、社区对突发事件的反应能力、提升街道和辖区群众沟通效率、提高决策质量和水平、有效运用人力资源、扩大公民参与、创新服务模式等方面均显示

出巨大的优势。

（三）提高科学决策能力

“三维数字社会服务管理系统”通过对城市经济、人口、城管、交通、环保、公安、就业、重点工程等信息进行实时采集、统计、处理，使管理人员全面掌握各方面有用信息和综合运转情况报告，并对可能发生的危机及时发出预警。同时，系统平台使得政府及时获得突发事件第一手资料，并通过网络进行指挥，强化政府综合应急处理能力。

（四）增加公共管理透明度

利用“三维数字社会服务管理系统”的信息发布功能，使街道、社区的职权、程序、办事过程、时限、监督方式、办事结果等均向公众公开，减少传统政务过程中可能出现的暗箱操作，加强公众对政府工作的监督，从源头上形成预防腐败的“防火墙”，树立廉洁公正的政府形象，避免出现暗箱操作或权钱交易。

兰州市在创建智慧城市的道路上，把推进民生领域信息化作为创建智慧城市的重大举措，借助信息化手段，在“民情流水线”和“虚拟养老院”的基础上，创建的三维数字社会服务管理系统平台，在民生领域社会服务管理中取得了一些的成绩，得到了中央领导和中组部、中央政法委、国家发展和改革委员会、工业和信息化部、民政部等的一致肯定及兰州市民的广泛赞誉。兰州市将按照党的十八届三中全会精神，根据国家创建智慧城市的相关要求，充分发挥自身优势，在已开展的“信息惠民公共服务平台”、“智慧教育”、“智慧医疗”、“智能环保”、“智能交通”等公众服务领域的项目上总结经验、借鉴先进做法，走出一条具有兰州特色的创建智慧城市之路。

甘肃省委常委、兰州市委书记：虞海燕

兰州市委副书记、市政府市长：袁占亭

兰州市智慧城市创建工作行政责任人：咸大明　兰州市副市长

兰州市智慧城市实施管理办公室：兰州市数字城市建设办公室

点评

点评人：曾澜（研究员　国家发展改革委员会宏观经济研究院）

兰州是我国西部的中心城市，是我国重要的工业基地、交通枢纽和商贸中心。兰州市政府在“智慧兰州”建设过程中，坚持“以人为核心”的理念，重视“顶层设计”和基层组织的信息化建设，积极引导社会组织与公众参与。针对兰州的实际需求，市政府首先启动城市公共信息平台建设及其公共服务方面的应用示范。在前几年“数字化城管”和“民情流水线”信息化成果的基础上，兰州市运用新一代空间信息技术深度整合信息资源，并构建覆盖全市“五级”政府机构的统一的政务信息服务平台——“三维数字社会服务管理系统”，有效促进城市管理信息共享和精细化管理，提升社会管理效能和民生服务水平。特别是通过“虚拟养老院”的模式创新，有效发挥市场配置资源的作用，不但充分发挥基层组织民生服务的优势，而且广泛动员社会资源参与建立社区居家养老服务体系，在构建符合中国国情的城市社会化养老机制、体制方面具有典型示范意义。在以下方面已见成效：

第一，在西湖街道民情流水线的基础上，自主研发了兰州市三维数字社会服务管理系统，该系统是集政务、事务、商务服务于一体的综合性平台，依托该平台对各行业信息进行整合，建成市、区、部门、街道、社区五级统一的政务信息系统，依托该系统建设了民情通呼叫服务系统、居民事务受理系统、在线办事系统、居民事务代理系统等方便群众办事的业务信息系统，依托已有的网络通信设施实现教育、医疗、养老等惠民信息的共享，拓宽居民办事的渠道，实现24小时不间断受理群众事务；建设信息惠民工程便民服务网，为居民提供衣、食、住、行等多方面的生活服务信息，并公开筛选相关服务企业，在各社区设立统一的居民服务点，依托直接支付、网上支付等方式实现在线订购和在线支付。

第二，“虚拟养老院”是兰州市为有效应对迅猛到来的银发浪潮，于2009年12月率先在全国建成的首家由政府主导、市场运作、社会参与的新型养老服务机构（平台由政府搭建，政府管理，并由政府提供政策、资金支持；服务由加盟企业具体承担，各企业独立核算，自负盈亏；义工、志愿者的积极参与和爱心人士的资金捐助）。调动社会各界积极参与，目前“虚拟养老院”已覆盖城市四区，并开始提供规模化服务。

目前兰州的试点工作还处在起步阶段，随着试点工作的深入，将为我国西部大中城市的智慧城市建设不断提供新的经验。

抓智慧民生服务　促基层社会治理能力现代化

——广州市番禺区创建智慧城市探索实践

【摘要】广东省广州市番禺区是改革开放的先行地，在经济迅猛发展的同时，人口规模也急剧增长，实际服务管理人口达300万，外来人口远超户籍人口。目前，存在的突出问题是政府公共服务的有效供给与市民基本需求之间的矛盾日益凸显。为此，番禺区以促进民生幸福、建设信息文明为目标，强调“四化同步”，积极实施“民生档案、民生卡、民生积分、民生服务”的四大民生工程，大力推进“云服务+民生卡+智能终端”的协同创新行动计划，加快建设全面感知、高度整合、智能服务的智慧城市，为市民提供数字大城管、幸福社区等多项智慧民生服务。番禺区以抓智慧民生服务工作，促进基层社会治理能力现代化，已经取得显著成效：仅在2013年内，纳入出租屋安全星级管理的出租屋高达10.8万栋、64.3万套，覆盖率达94.4%；区长专线受理的140036宗投诉、建议案件中，已办结138880宗，案件办结率99.17%，按时办结率98.9%；3323名流动人员子女也通过“积分入学”等办法获得免费入读番禺区公办学校资格；全区排查调处矛盾纠纷2450宗，成功调处2370宗，成功率为96.7%；协同创新联盟的115家企业实现产值30亿元。

一、背景

番禺区地处广东省中南部，位于珠江三角洲及穗港澳的几何中心，是“珠三角大都市生活圈”的客运枢纽。全区总面积530平方公里，下辖6个镇、10个街道，共177个行政村、84个社区居委会。区情特点主要表现为：一是经济社会比较发达。番禺在改革开放中先行一步，从30年前一个地区生产总值仅有4.82亿元的传统农业县迅速成长为经济总量超千亿元的现代化城区。2013年实现地区生产总值1353.23亿元，公共财政预算收入72.98亿元，城镇居民年人均可支配收入39380元，农村居民年人均纯收入20233元。二是功能定位由郊区变为中心城区。按照《广州市城市总体规划（2011–2020）》，番禺全域纳入广州市都会区范围，使番禺的区域定位实现从外围城区向中心城区的战略性提升。在广州市都会区1339平方公里中，番禺面积约占40%，人口接近30%，因此，城市建设管理也进入全面的转型期。三是居住人口规模大、阶层多，不同群体利益诉求多元。目前，番禺区实际服务管理的人口达300万，包括户籍人口81.7万（其中农村户籍人口29.17万），登记在册的外来人口113.6万，另有从广州老城区迁来番禺居住的80多万“钟摆人群”（即居住在番禺，上班在老城区）和广州大学城约20万师生，外来人口是户籍人口的2.5倍。以番禺区沙头街大罗塘村为例，外来流动人口达2万多人，而村民仅1200人，外来人口与户籍人口比高达18:1。四是毗邻港澳，自媒体时代市民诉求表达广、传播快。在以个人传播为主的媒介时代，人人都是新闻传播者。番禺良好的生态环境及配套设施，吸引大量高素质的网络达人居住，使敏感热点问题容易引起社会关注。

二、问题

当前，番禺区社会治理的突出问题是政府公共服务的有效供给与市民基本需求之间的矛盾日益凸显。主要体现在：一是外来人口数量庞大、构成复杂、流动性强，同时还存在大量的本地户籍农业人口，外来人口与户籍人口、城市人口与农业人口的“双二元结构”现象长期存在，现有的住房、教育、医疗、社保等公共服务无法提供全覆盖、更有针对性和更为精细化的产品。二是辖区面积大，政府人员编制数十多年来基本无增加，基层力量相对不足，政府对社会面难以全面及时感知和管控，呈现“小马拉大车”的局面。三是政府资源未能有效整合，部门之间数据分隔，齐抓共管不能真正实施，对政府部门的行政效能难以客观考核，社会治理能力亟需提高。四是社会治理主体单一，往往由政府包揽社会管理事务，政民互动不足，市民诉求渠道不畅，市民参与度不高。

三、措施

（一）发展思路

党的十八大作出“在改善民生和创新管理中加强社会建设”的战略部署，十八届三中全会作出“创新社会治理体制”的重要决定。社会治理的重心在基层，只有夯实基层治理基础，社会和谐才能得以实现；只有基层社会治理能力得到全面提升，社会治理体系才能得到创新完善。因此，提高基层社会治理能力现代化水平、完善基层社会治理体系，成为番禺建设智慧城市和时尚创意都会区亟需解决的重要问题之一。

2013年初，番禺区被住房和城乡建设部确定为首批国家智慧城市试点。经过深入论证，番禺区提出解决当前突出问题的思路是：以促进民生幸福、建设信息文明为目标，强调“四化同步”，积极实施“民生档案、民生卡、民生积分、民生服务”的，四个民生工程，大力推进“云服务+民生卡+智能终端”的协同创新行动计划，加快建设全面感知、高度整合、智能服务的智慧城市，提供数字大城管、“一号通”公共信息、幸福社区、数字家庭、智慧健康等多项智慧民生服务，不断促进基层社会治理能力现代化。

（二）具体措施

1.实施“四个民生”工程，建设信息文明。

为紧贴市民需求，提供精细化、实名制的个性化服务和政府公共管理，番禺区积极实施“四个民生”工程，为市民提供“记录一生，服务一生”的民生服务，探索建立利益导向和社会公德相结合的基层社会治理体系。“四个民生”工程淡化了户籍制度，强化了市民“责、权、利、德”的统一，有利于“增强公民自信、提高公民自觉、促进公民自律、实施公民自治、享受公民自由”的信息文明社会建设。

一是以民生档案为基础。民生档案依托国家数字电视行业卡示范工程和广东省全员人口信息系统，以居住地为编码规则，全员授予统一的电视卡号、全员人口号、民生档案号和民生卡号，四号合一，继承和发扬了实名制垂直管理分级建设的电视体制，为建设“可控、可管、可信”的智慧城市奠定了重要基础。民生档案以全员人口数据库为根目录，以民生档案号和身份证号为总索引，整合公安、流管、计生、卫生、民政、房管、人社、残联等政府职能部门和公众机构采集的信息，形成众多专题子目录数据库，从而建立起全区全员人口的电子档案。目前，番禺区已整合11个专题子目录数据库，建成222万全员人口的民生档案。民生档案打破了部门、机构的信息孤岛，为人口管理和其他民生事务管理建立了统一的统计基础和人口基数，实现了相关部门、机构数据信息共建共享，形成了新型的人口信息管理、共享的技术体系和组织体系，较好地满足了经济发展、社会管理、民生服务、电子政务对人口信息和其他民生事务信息资源的需求。以流动人员民生档案建库为例，通过流管部门采集流动人员信息后，计生部门核实数据并自动推送至广东省全员人口信息系统，同时，民生档案每天从广东省全员人口信息系统获取新数据，将流动人员数据入库并授予民生档案号，通过民生档案号、身份证号与公安、计生、民政等部门数据进行对接，形成流动人员的民生档案。

二是以民生卡为钥匙。民生卡基于民生档案，以“幸福家庭，健康人生”为宗旨，免费向全员人口发放，内含身份证号，以身份证号为时间信息轴（年龄轴）、民生卡号为地理信息轴（居住地轴），科学地对全员人口进行定年龄、定居住地的精准描述和个性服务。民生卡具有身份认证、资金结算和积分管理三大功能：其电视卡号功能可作为有线电视用户身份认证及支付结算、积分管理使用，还具有电子钱包功能，可刷卡交纳停车费、公交费等，同时将持卡人交费记录、交通罚单、水电费单等信息纳入个人诚信系统；其民生档案号功能可查询市民的民生档案及办理个人公共事务，如在卫生领域，它具有健康卡功能，可查询电子健康档案，可挂号、交费，并能在医疗卫生平台及终端设备实现一卡通识别。民生卡在实物形态上又可细分为实体卡、虚拟卡（民生卡号）、CA-SIM复合卡和手机卡等形式，支持在线和离线使用。2013年，民生卡获“国家金卡工程2013年度金蚂蚁奖”，今年将发放100万张。

三是以民生积分为导向。民生积分是兑现“政府+社会”公共服务的凭据，根据市民的行为足迹，把“责、权、利、德”四者结合起来计算积分，强调对“社会公德”的量化评价，民生积分记录在民生档案中。政府各职能部门制定民生积分实施办法，再由民生积分评估小组权衡确定各部门积分项目、扣分项目、兑现项目的具体分值，包括计生积分、出租屋安全星级管理积分、流动人员子女积分入学、流动人员积分入户等。同时，番禺区电子公务云计算中心以全员人口信息库和各职能部门业务数据为基础，建设民生积分综合服务管理平台，并把相关部门对市民的个人情况和实际贡献评估的相应分值，统一上传至平台进行智能化管理。民生积分主要分为诚信积分和奖励积分两大类。目前可兑现13个政府部门开展的民生积分服务，诚信积分用于享受相关民生服务政策的许可，是办理民生服务的门槛，累计达到一定分值可享受入户、入学、就业、经商、贷款等相关优惠民生服务政策。诚信积分不能直接兑现政府部门、社会机构提供的民生服务，但可在不同领域重复使用。奖励积分用于兑现政府部门、社会机构提供的民生服务，是兑现民生服务经济价值或社会价值的度量，包括换取现金、优惠券、政府和社会公共服务等，不可重复使用。以计生积分为例，番禺区户籍人口及持居住证在番禺工作、生活满6个月以上的流动人口的育龄人，凭民生卡可免费落实长效避孕节育措施、查环查孕、办理婚育证明并获得相应的民生积分。如已婚已育的育龄夫妻，一方自觉落实计划生育长效避孕节育结扎措施的，受术方可得诚信积分、奖励积分各1000分，其中计生诚信积分累计达一定分值，流动人口育龄人可申请积分入学、积分入户等；计生奖励积分1分等于1元人民币，育龄人凭民生卡可到特约的机构优惠消费或兑现相应的现金。

四是以民生服务为目的。民生卡具有多维、动态的特征，有别于传统一维、静态的户口本，作为番禺市民享用政府公共服务、公用事业服务以及社会服务的智能凭证，让市民享受快捷、方便、安全的“多卡合一、一卡通用”的综合民生服务。通过“政府+社会”的服务模式，根据民生积分为市民提供教育培训、医疗卫生、计划生育、劳动就业、社会保障、住房保障、入户等全方位的民生服务。以办理计生《婚育证明》为例，以往的业务流程是市民要去镇街计生办业务窗口递交材料，经审核合格后，再次前往领取，这样导致业务办理时间长、市民需多次往返。发放民生卡后，市民持民生卡便可直接在村居办理“一站式”计生《婚育证明》，实现“即办即取”，真正体现 “民生服务就在身边”。

2.积极提供多项智慧民生服务，促进民生幸福。

番禺区智慧民生服务突出“全面感知、高度整合、智能服务”的智慧城市建设特征，提供数字大城管、“一号通”公共信息、幸福社区、数字家庭、智慧健康等服务，惠及社会方方面面。

一是建设数字大城管，实现政府部门资源高度整合、政务流程智能再造。通过信息化手段，重塑传统协作模式，实现精细、敏捷、扁平、闭环的城市管理，提高工作效率和协同能力，以服务促管理，使政府与市民之间形成良性互动。实行城市管理和应急管理相结合。整合区政府总值班室、区应急办、区应急指挥中心、区长专线等机构，成立番禺区城市管理运行指挥中心。指挥中心实行一体化运作，将以往狭隘、单一的城市管理提升至整个城市运行常态与非常态的全面监控和无缝管理。重新优化配置政府信息资源。在不重复建设的前提下，整合全区三防、气象、人防、安监、环保、120、综合执法等专项指挥系统、7803路视频监控系统、2台移动视频指挥车和若干单兵设备、涵盖各部门和镇街的高清视频会议系统、800兆无线对讲通信系统、政府投诉服务系统、呼叫中心系统等，全部接入番禺区城市综合管理与运行指挥平台，对95个联动单位实行统一指挥调度，全面提升政府响应市民需求的效率和质量。拓宽发现城市管理问题的渠道。一方面，从2010年11月开始以有奖报料的形式鼓励市民向区长专线反映城市管理问题，对每宗立案的市民报料奖励3元话费，火灾隐患、违法建设等专项举报奖励10元话费，至今已奖励市民报料22.6万宗，奖励金额达68万元；另一方面，整合各镇街现有的城管、流管、安监等执法力量，组建300多人的城市管理义务巡查队伍，配备城管通智能终端，加大力度主动发现问题。几年来，群众投诉和自查发现问题宗数一直保持在1:1左右。创新政府部门行政效能考核办法。按照“发现、派遣、处理、反馈、考核”的“五步闭环管理法”处置城市管理问题，形成各部门之间相互监督制约、市民广泛参与的格局。每宗群众投诉案件处理完成后，均由番禺区城市管理运行指挥中心回访投诉市民，听取市民对责任单位处理情况的评价，如市民反映不满意将退回责任单位重新处理，并将满意度录入系统。每月底，对各联动单位处理案件的按时签收率、按时确认率、延时申请率、按时反馈率、办结率、返工率、市民满意率共七项指标进行量化考核，并进行排名和全区通报，以此督促政府部门不断提升工作效能。

二是打造“一号通”公共信息平台，实现市民诉求便捷表达、市民需求全面感知。针对市民需求多样化、公共服务资源分散、部门咨询电话繁多的问题，自2013年初起，番禺区在区长专线基础上建立“一号通”公共信息平台，用一个号码统一接收市民公共服务需求信息，使之成为政府在社会服务领域的“委托代理人”、企业服务产品的“中介人”、市民生活的“大管家”。具体做法是首先整合全区16个镇街705条市民服务电话及55个政府部门、事业单位、国有企业410条市民服务热线，政府部门、社会组织、服务企业通过“一号通”平台为市民提供全天候服务（7×24小时）；其次依托番禺区电子公务云计算中心，建立“一号通”平台信息数据库，梳理职能部门、镇街和国有企业提供的600多项服务事项，实现办事流程的规范化、标准化和电子化；最后政府各部门对市民来电反映的问题提供“1小时服务”承诺，即市民来电1小时内得到答复，对一时无法解决的问题，主动联系市民告知跟进情况，确保“宗宗有回音”。按照“一号受理、多方服务”的思路，平台为市民提供全天候公共服务，从以往关注“物”（城市管理部事件）扩展到关注“人”的需求。特别是对全区80岁以上老人，可以通过平台设立的“一键通”话机终端直接向平台反映诉求，享受社工机构、加盟企业提供的房屋清洁、个人护理、家政维修等居家养老服务。

三是推进网格化管理，建设幸福社区。出台番禺区创建城市幸福社区试点工作方案，将区内城市社区打造成为“安全舒适、邻里友善、事务齐参与、幸福共分享”的幸福社区。开展社区网格化管理。以“各专业网格融合为一个网格，各巡查终端融合为一个终端”为原则，全面提升政府对各类社会问题的感知能力和社会治理能力。将全区作为一个大网格，镇街为一级网格，村居为二级网格，村居中的自然小区为三级网格，网格员以200户左右家庭为单位将三级网格细分为四级网格。整合政府服务信息、电子地图、民生档案、消防安全、门牌数据、城市部件、安全生产、消防管理、出租屋信息等信息系统数据，建立以实有人口、房屋、城市部件为重点的服务管理对象信息库以及老年人、残疾人、低保人员、社区矫正人员等重点服务人群信息库，为实现综合管理、精细化管理提供支撑。网格员配备全区统一的智能巡查终端，利用信息化手段整合政府各部门服务项目和管理内容，做到“一个终端、多方应用”，并与民生卡关联，通过民生卡验证居民身份、记录服务内容。网格员手持一个终端即可完成原来分布在多个终端的专项工作，强化网格员“单兵作战”能力。每一个网格员都是一个“微政府”，网格员与市民面对面的交流和服务，就是一次政府和市民的沟通，就是市民参与社会事务的“微治理”。建设社区信息化。与广东为民电子科技有限公司合作共建“幸福智慧社区便民服务平台”，按照住房和城乡建设部智慧社区建设指南，遵循以社区需求推动资源整合的原则，以民生卡为基本用户体系，打造系列涵盖个人、家庭、小区、村居和镇街的民生服务体系，提供煤气水电缴费、物业管理、预订车票、福彩体彩、交通罚款、医疗挂号、生活救助、信用卡充值、业主电子投票决策以及政务公开等30多项民生服务，为市民解决日常生活中最直接、最实际、最切身的问题。创新社区服务形式。以家庭综合服务中心为平台，为家庭、长者、青少年、残障人员等提供综合服务。积极扶持社会力量兴办养老机构，设立日间托老服务中心，推进“一站式”和“到户式”居家养老服务。引导社会工作者、义务志愿者开展扶老助残、邻里互助等社区服务活动。大力培育公益性社会组织，推动社区自治组织发展，承接社区服务、管理项目，充分调动市民参与社区服务管理的热情。

四是提供智慧健康公共服务，缓解“看病难”问题。高度整合全区卫生信息，建成智慧健康公共服务平台和拥有22个专业座席的智慧健康服务中心，提供全天候健康咨询服务。实施“健康包进家庭、健康小屋进社区、健康通配医生”工程。健康包进家庭。健康包是利用智能终端及各种体征检测仪器为市民方便地进行各项生命体征测量，如血压、血糖、血氧、心电等，通过无线网络把测量结果上传到智慧健康公共服务平台，社区医生通过数据分析，为慢性病患者提供指导和干预。健康小屋进社区。在社区卫生服务中心建立健康小屋，市民在小屋内刷民生卡后即可利用检测仪器进行生命体征测量，测量结果实时上传到智慧健康公共服务平台，方便市民通过多种方式登录平台进行自我健康管理，社区医生也可通过平台查阅数据、筛选病人、跟踪对象、精准随访、提供干预，有效降低各种慢性病的突发病率，提高社区人群健康水平。健康通配医生。在医院和社区卫生服务中心配备无线移动设备和智慧型诊疗设备，医院医生使用健康通移动查房，社区医生携带健康通上门随访为市民提供及时的健康服务。通过一系列的云端服务，加强对孕产妇、婴幼儿、老年人、慢性病患者、亚健康人群等五类重点人群的健康管理，市民足不出户即可了解健康教育知识，为疾病的早预防、早发现、早治疗提供有力支撑。目前，智慧健康公共服务平台各类应用累计达13万人次，全区16个社区卫生服务中心、44个社区卫生服务站循环利用1000套健康包为3700户家庭提供契约式慢病管理服务，在10个社区卫生服务中心建立健康小屋，推动医疗卫生服务从“以疾病治疗为中心”向“以市民健康服务为中心”的转变。

五是推广数字家庭服务，发展信息文化服务业。充分发挥和利用广州大学城的人才和科研优势，依托国家数字家庭应用示范产业基地、广州国家现代服务业集成电路设计产业化基地、广州大学城健康产业产学研孵化基地和中国数字传媒现代产业基地的资源，垂直整合数字家庭产业生产要素，打造以芯片设计、软件开发为基础，推动形成多终端形态整机研发、配合系统集成、内容服务的较为完备的数字家庭产业链，探索“云服务+民生卡+智能终端”三位一体的运营模式。通过市场化运营形成以家庭服务为中心，整合电信网、电视网、互联网、电力网，实现互动电视、智能家居、安防控制、电子政务、健康养老、金融结算、游戏娱乐的智慧家庭多业务融合。最终通过推广云计算创新服务，实现电视、电脑、手机的多屏互动，形成“四网整合，建设综合业务家域网；多屏互动，发展信息文化云服务”的应用终端多样化的智慧家庭应用示范。

3.实施星海通协同创新行动计划，夯实社会治理能力支撑体系。

2013年初，番禺区建立政府引导、企业主体、基地支撑、联盟协同的“星海通”协同创新机制，全面启动星海通协同创新行动计划。以广州星海通信息文化服务有限公司为核心，以国家数字家庭应用示范产业基地为依托，通过星海通协同创新联盟，研发“三个一体化”新技术，开创“云服务+民生卡+智能终端”三位一体运营新模式，打造以机顶盒、家庭网关、平板电脑、智能手机、迷你电脑、自助终端等智能终端为载体的信息文化服务新平台，提供政务、民生和智慧城市应用等新服务，发展有形产品与持续服务相统一、线下与线上相衔接、身份识别与支付清算相结合、用户黏性与消费习惯相协调的信息文化服务新业态。

一是形成“三个一体化”新技术。“三个一体化”即计算与通信一体化、产品与服务一体化和认证与支付一体化。通过计算和通信一体化，提供一系列智能化、网络化的星海通智能终端，为形成智能物联网奠定基础；通过产品与服务一体化，促进智能终端和内容服务的协同升级，实现智能终端用户群享受持续的云服务；通过认证与支付一体化，构建“实名制垂直管理分级建设”的星海通认证支付系统和服务信用体系，在促进用户群黏性与营业收入协同增长的同时，实现“可控、可管、可信”的服务管理体系，为社会治理建设奠定良好基础。星海通协同创新以核心信息技术为支撑，依托广东新岸线计算机系统芯片有限公司的全球领先技术，以及国家超级计算广州中心的高性能计算、海量数据处理和信息管理服务，为星海通终端硬件产品和软件服务提供解决方案。

二是推广“云服务+民生卡+智能终端”三位一体运营新模式。云服务是星海通产品和服务的关键内容，民生卡是星海通产品和服务的媒介，智能终端则是星海通产品和服务的载体。通过“云服务+民生卡+智能终端”的运营新模式，实现有形产品与持续服务的结合，为社区市民提供良好用户体验和随时、随地、随需的服务。例如，“机顶盒+民生卡+迷你电脑”的数字电视整转模式，使用户的电视机成为集信息传播、文化娱乐、交流互动、支付结算于一体的家庭多媒体终端，满足用户对高清电视、海量电影、便民服务、政务服务、电子商城、教育、医疗、游戏等多种信息和多种服务的需求。

三是打造信息文化服务新平台。围绕智慧城市的发展方向和未来业务特征，基于广播技术和互联网技术，以云计算、大数据等新一代信息技术构建开放共享的民生综合信息文化服务云平台，重点打造政务云、教育云、医疗云、数字家庭、娱乐休闲等信息平台及服务。建设统一的业务接入、业务管理和业务承载，支持业务资源整合的融媒体支撑云平台，通过智能终端实现信息交互和服务传递。星海通智能终端是“计算和通信一体化”和“认证与支付一体化”高度整合的产品，具备身份实名认证和移动支付等功能，主要定位于行业应用，与流管通、城管通、警务通、政务通、健康通、金融通、企业通等后端云服务相结合，针对特定行业的需求进行应用集成。星海通自助终端是基于有线电视网和政务外网，集ATM机、充值机、电视机、交费终端等于一体的产品，具有安全、封闭、公用等特点，为市民提供健康、教育、政务、金融等应用服务。

四是提供信息文化和民生应用新服务。依托信息文化新平台，整合数字家庭、电子商务、智慧健康、智慧教育、电子政务、数字大城管等信息文化服务和民生服务，引导建立一批智慧城区、智能社区、智能建筑和智能家居示范，发展基于信息网络的全方位信息文化服务，鼓励企业接入平台提供民生服务。通过星海通智能终端推送各类服务到千家万户，以线上线下相结合的方式鼓励市民参与经济社会事务管理，提升政府服务和社会管理效能，促进基本公共服务均等化。

五是发展信息文化服务新业态。通过引导“星海通直销商城”、“七方物流”、“为民智慧社区”、“大学生创意创业大赛”等一批创新项目的落地，为市民就业和大学生创业提供更多的机会。以有线电视网和互联网相结合为服务渠道，以星海通智能终端为服务载体，推进网络信息技术和服务模式融合创新，不断创新生产服务、商贸流通、文化娱乐等领域新消费模式的融合，发展有形产品与持续服务相统一，完善线上电子商务和线下物流配送相结合的销售、维护和服务体系。通过与民生卡结合形成支付及用户营销模式，实现用户识别与支付清算服务的结合，将民生服务与用户消费信用相联系，强化用户黏性，发展新型信息服务业态，促进区域产业转型升级。

四、成效

番禺区探索智慧城市建设的实践，符合工业化、城市化、农业现代化与信息化深度融合的发展趋势。通过“四个民生”工程、星海通协同创新，及时提供传递、整合、使用城市各类信息与服务，提高物与物、物与人、人与人的互联互通和信息利用能力，提升社会治理能力现代化水平。主要成效表现为：

（一）服务促管理，民生公共服务得到有效落实

番禺区“四个民生”工程的显著特点是将管理寓于服务之中，以服务促进管理。以出租屋星级管理积分服务为例，政府将各类公共服务与出租屋登记管理挂钩，出租屋主及承租人享受政府公共服务需要满足两个条件：一是出租屋主及承租人相关信息纳入出租屋安全星级管理系统；二是政府根据房屋的消防、治安等要素评定星级。获评出租屋实行“双积分”制度，即出租屋主和承租人均可获得积分，星级越高积分越高；没纳入出租屋安全星级管理系统的或达不到星级标准的列入监管和重点监管对象，出租屋主和承租人均不得积分或扣减积分。这样在政府、出租屋主、承租人之间就形成了政府主动向出租屋主和承租人提供服务、出租屋主和承租人主动接受政府管理的互动局面，在确保政府高效履行社会管理职能的同时，促进民生公共服务落实。据统计，番禺区纳入出租屋安全星级管理的出租屋高达10.8万栋64.3万套，覆盖率达94.4%。10万出租屋主和近百万流动人员享受到政府职能部门和相关企业提供的免费体检、免费优生优育服务、免费或优惠看电影和购书、景点门票优惠、集体婚礼优惠、慈善救助、技能培训、家庭综合服务、家庭教育培训、赠送租赁保险和电话费等民生服务。此外，2013年3323名流动人员子女也通过“积分入学”等办法获得免费入读番禺区公办学校资格，解决了流动人员子女“无校选”、“上学难”的问题。

（二）互动促互信，政府服务效能和群众参与度实现双提升

以数字大城管为例，通过开展有奖报料活动，鼓励市民参与城市管理，有效解决城市管理主体单一、政民互动不足、市民诉求渠道不畅和群众参与度不高的问题。番禺区城市管理案件来源中，除了上级转办案件以外，市民来电反映约占案件总数45%、自主巡查发现约占41%，市民已成为番禺区城市管理发现问题的主力军，实现了人民城市人民管的目标。对政府部门来讲，数字大城管以市民满意为宗旨，以客观数据为依据，围绕各联动单位处置问题的态度、效率和质量进行量化考核，每月对考核结果进行排名，从而大大推动了政府部门工作作风改进和效能提升。在2013年区长专线受理的140036宗投诉、建议案件中，已办结138880宗，案件办结率99.17%，按时办结率98.9%。各联动单位考核平均成绩从2011年开始实施考核的78分提高到目前的95分，市民对政府部门的满意度也从当初的80%提高到目前的90%。

（三）整合与精细并重，城市管理效能得到明显加强

数字大城管系统通过整合各专项指挥、视频监控、视频会议、无线对讲通信和全区投诉服务等系统，实现了从“资源分散”到“资源整合”、从“管理盲区”到“全面覆盖”、从“被动受理”到“全面发现”、从“粗放低效”到“精准高效”的转变。通过全面普查全区133万个城市公共部件，制定城市管理14大类254小类部事件标准化工作流程，城市管理在空间轴和时间轴上实现了精确定位，形成了“全区一套图，权属一张表”，达到了城市管理上的精准、高效，问题处置时限明显压缩，大量影响城市健康运行的隐患被消灭在萌芽状态。从2012年6月起，区长专线月均受理案件突破1万宗，城市管理问题平均处置时间已由数字大城管系统建成前的2天压缩至现在的5.2小时。

（四）审批与监管并举，社会管控能力得到显著提升

番禺区社区网格化管理的特点是探索“四个民生”工程与网格化管理相结合。一方面，政府以村居为网格，在村居建立政务服务站，将民政、综治、维稳、司法、城管、残疾人、人口计生、劳动就业、社会保障审批与服务等政府公共职能和管理人员下沉到村居。市民可持民生卡前往所在村居政务服务站，办理相关政务审批业务。另一方面，网格员持与民生卡相联的星海通智能终端，在验证受访对象身份（实名制）的基础上，记录包括矛盾调解、民意收集在内的工作信息，以可记录、可查询、可追溯的方式实现社区“微治理”。在确保政府对社会基本面的管控、及时有效化解社会矛盾纠纷的同

时，实现聚民意、汇民智，提升社会发展正能量。2013年，全区排查调处矛盾纠纷2450宗，成功调处2370宗，成功率为96.7%，妥善化解38宗省、市、区信访积案；全区发生刑事治安警情下降6.2%，实际破案数居全市第二位；安全生产事故起数、死亡人数、受伤人数和直接经济损失分别下降23.6%、22.8%、25%和30.6%，全区安全生产形势持续稳定好转。

（五）产业与城市相融合，智慧产业实现快速发展

星海通协同创新计划通过创新商业模式，依托国家数字家庭应用示范产业基地企业集聚优势，依托新型智能终端产品和智慧城市信息文化服务，以市场和用户需求为导向，研发具有行业特色应用的星海通服务平台和智能终端产品，做大信息文化产业规模，优化产业结构，形成新的经济业态、商业模式和消费热点，为促进经济快速增长和转型升级奠定良好的基础。目前，加入星海通协同创新联盟的企业已经达到115家，涵盖芯片、电子信息化、集成电路、软件设计、整机生产、网络通信等各个领域，2013年实现产值30亿元。

五、经验

长期以来，基层政府承担着提供大量基本公共服务和无限社会治理的责任，却仅拥有捉襟见肘的人、财、物资源，如何使基层社会治理效益最大化，一直是番禺区努力的方向。

（一）“四个民生”工程是开展社会治理、争创服务管理新机制的重要抓手

番禺区“四个民生”工程以民生档案为基础、民生卡为钥匙、民生积分为导向、民生服务为目的，以“云服务+民生卡+智能终端”为模式，打造了集民生档案、民生卡、民生积分、民生服务于一体的平台体系。平台体系不仅实现了部门数据实时共享，而且以“大数据”支撑“云服务”。更重要的是平台体系顺应了人民群众日益增长的民生服务需求，政府主动将管理事项逐渐转化民生服务的事项，以提供精细化、个性化、便捷化民生服务的形式，促进政府社会治理方式方法的改变，在形成社会服务管理新机制的同时，加快转变政府职能。

（二）全面感知、高度整合、智能服务为政府更好履行社会治理职能提供有效平台

番禺区加快建设以“全面感知、高度整合、智能服务”为特征的智慧城市，能让政府全面感知社会发展的方方面面，找准自身在社会治理体系中的目标定位及施政方向，对社会可利用的服务和管理资源进行高度整合，尤其是针对市民利益的诉求，及时提供智能化服务，确保政府不断适应现代化总体进程，提高科学执政、民主执政、依法执政的水平。

（三）“云服务+民生卡+智能终端”运营模式为政府更好履行社会治理职能提供有效手段

云服务可以提供丰富多彩、精细化、个性化的服务，民生卡具备身份认证功能，具有安全性高、可控、可管、可信的特点。市民可以民生卡为钥匙，通过手机、平板电脑、机顶盒、迷你电脑等智能终端设备办理线上政务业务，也可直接持卡在政务中心办理相关业务，或持卡在各营业网点进行消费，这些信息都纳入个人诚信系统，形成大数据，从而构建记录一生、服务一生和监管一生的服务管理体系，确保市民遵纪守法，提高社会道德水平。

（四）政府主导、市场运作是创建多元共治、互利共赢社会治理体系的有益探索

社会治理主体从政府包揽向政府主导、社会共同治理转变，需要明确政府、市场、社会组织以及社会个体在社会治理中的分工，其中政府要发挥主导作用。如在“民生幸福”特色应用服务方面，也是由政府主导与公司合作购买其服务，符合发挥市场配置资源的决定作用和更好发挥政府作用的改革方向。“一号通”公共信息平台就是由政府主导，统筹整合政府、市场、社会三方资源，以市场化方式解决市民生活难题。星海通智能终端产品均由政府主导，委托终端设备制造商外包生产。

广州市番禺区委书记、区人大常委会主任：卢一先
广州市番禺区委副书记、区长：楼旭逵
广州市番禺区智慧城市创建工作行政责任人：戴友华　番禺区副区长
广州市番禺区智慧城市实施管理办公室：番禺区人民政府办公室

点评

点评人：杨崇俊（研究员　中国科学院遥感与数字地球研究所）

十八届三中全会提出了“创新社会治理体制”的重要决定。对于一个经济发达、人口众多，特别是外来人口与户籍人口在数量上出现严重倒挂的城区，应当如何创新社会治理体制，进而维持经济社会持续发展？应当在哪些方面有哪些措施？广州市番禺区为此作出了一个很好的回答。

番禺区认识到社会治理的重心在基层，只有夯实基层治理基础，社会才能和谐发展。而夯实基层社会治理的核心，就是要解决好民生幸福问题。如何解决民生幸福问题呢？番禺区强调的是以民生服务为目标，以信息化手段解决民生幸福问题，进而促进基层社会治理能力现代化。具体做法是实施“民生档案、民生卡、民生积分、民生服务”的四个民生工程，建设数字大城管并推进网格化管理，构建“云服务+民生卡+智能终端”的服务管理模式，走出一条全面感知、高度整合、智能服务的基层社会治理创新之路。四个民生工程是直接面向老百姓的工程，数字大城管、网格化管理等是间接面向老百姓的工程，以“云服务+民生卡+智能终端”三位一体的新模式则是支撑上述民生工程的技术手段。为此，番禺区还针对性地建立政府引导、企业主体、基地支撑、联盟协同的建设运营协同创新机制，通过先进的高技术手段和运营创新模式，实现民生服务现代化，达到基层社会治理目标。

始终围绕人民群众关心的问题，始终不断应用先进技术手段和不断创新建设运营模式，全面系统地解决民生服务问题，基层社会治理能力提高了，进而经济与社会也持续地发展了。

以人为本　产城融合　均衡发展

——寿光市创建智慧城市探索实践

【摘要】近年来，针对城乡“二元结构”等问题，寿光以科学发展观为指导，以推进“新型城镇化”为主线，突出“以人为本、产城融合、均衡发展”三个理念，用智慧的方法推进规划布局、产业发展、城乡建设、生态文明、民生平安和党的建设六个一体化配套联动，先后制定了阳光政府、产业升级、幸福民生三大行动计划，重点建设城市公共服务平台等20多个项目，探索形成了城乡一体均衡发展寿光经验。

一、背景

寿光市位于山东半岛中北部、渤海莱州湾南畔，总面积2072平方公里，辖14处镇街道，1处生态经济园区，975个行政村，人口105万，是“中国蔬菜之乡”、“中国海盐之都”。近年来，寿光以科学发展观为指导，坚持改革创新、转型升级，经济社会实现了又好又快发展。2013年，全市完成地区生产总值701亿元，同比增长11.2%；实现财政总收入97亿元，其中地方财政收入70.69亿元，同比分别增长16%和19.7%。综合实力位列山东省前三强、全国百强县第28位。农民人均纯收入达到14408元，城镇居民人均可支配收入29130元。先后荣获“中国优秀旅游城市”、“国家园林城市”、“国家卫生城市”、“国家环保模范城市”、“中国金融生态城市”、“国家生态市”、“联合国人居奖”等荣誉称号。

二、问题

寿光市在推进新型城镇化和智慧城市建设过程中，始终坚持问题导向，通过邀请专家论证、部门研究分析和广泛征求群众意见，厘清了影响寿光均衡发展、科学发展的关键制约因素，主要包括城镇建设和经济社会发展重城区轻乡村、传统工业产业比重过大以及农产品和食品质量安全、农村饮水安全、环境卫生、交通出行、卫生医疗等关系人民群众生活质量的问题，也包括如何解决优质教育资源向乡村倾斜，突出产业特色，促进共同富裕、生态环境治理、社会安全稳定、土地流转、人口流动情况下人民群众幸福感和归属感等方面的问题。

针对这些重点问题，寿光市委、市政府每年在人代会、三级干部会议上都确定一批惠民实事工程，在提交人大代表、政协委员、党员干部讨论后，在人民群众的监督下，定时间、定标准，精心组织，全力推进，确保圆满完成各项任务。

三、措施

为解决这些问题，寿光明确提出以“城乡一体均衡寿光”建设为目标，以新型城镇化为主线，突出“以人为本、产城融合、均衡发展”的理念，立足于现有基础，以均衡为方向，以智慧为手段，统筹推进规划布局、产业发展、城乡建设、生态文明、民生平安和党的建设六个一体化均衡发展，靠均衡破除城乡“二元结构”，靠均衡统筹推进新型工业化、信息化、城镇化和农业现代化，靠均衡找到强市与富民的最佳结合点。寿光抓住被确定为国家智慧城市试点城市的契机，坚持用智慧的方法，更加深入地推进城乡一体、均衡发展，把智慧寿光作为建设均衡寿光、幸福寿光、美丽寿光的持续创新优化过程来抓，立足于市委、市政府的中心工作，服务于各部门的重点工作，先后制定了阳光政府、产业升级、幸福民生三大行动计划，重点建设城市公共服务平台等20多个项目，有力地推动了城乡一体均衡寿光建设。特别是2008年以来中央、省、市出台了一系列关于城乡统筹、城镇化建设的文件，最近出台的《国家新型城镇化规划（2014～2020年）》明确提出要积极稳妥扎实有序推进城镇化，更为寿光均衡发展提供了强大的政策引导和支持，催生了均衡寿光建设的强大动力。

（一）推进规划布局一体化，扎起“均衡发展”框架

寿光把规划布局一体化作为推进均衡发展的基础和龙头，高点定位，科学谋划，基本形成了均衡发展的新型城镇化框架。

一是坚持全域一体。寿光突出“全域寿光”理念，把2072平方公里作为一个整体统一规划，依据现有基础和发展方向，重点打造1个50万人的主城区，羊口、侯镇2个共20

万人的小城市；依托现有镇政府驻地，建设10个共10万人的中心社区；依托位置较好、规模较大、具有一定带动作用的中心村，建设85个共40万人的农村社区，着力构建以主城区为龙头、小城市为链接、中心社区为支撑、农村社区为基础的新型城镇体系。同时，编制完善了城乡发展战略规划、城镇总体规划、村庄建设规划等总体规划和各类专项规划，实现城乡规划的全覆盖，促进工业向园区集中、人口向城镇集中、居住向社区集中，进一步推进城乡一体均衡发展。

二是坚持板块发展。着眼未来发展空间，打破行政区划，把全市划分为东部城市新区、西部市场物流、寿北新型工业、双王城生态经济"四大板块"，明确定位，错位发展。

寿北新型工业板块。把寿北地区作为融入"蓝黄"开发的主战场和转型发展的主阵地，在寿光北部划出1250平方公里的区域，申请设立了寿光（滨海）羊口经济开发区，赋予县级管理权限，新上的工业项目、城区工业企业全部向寿北集中，规划建设了羊口先进制造业和高新技术产业、侯镇海洋精细化工三大工业园区，大力发展先进制造业和新能源、新材料等战略性新兴产业，全力打造千亿级新型工业基地。目前，寿北工业园区累计完成基础设施投入100多亿元，落户过亿元工业项目127个，总投资达1160亿元。去年寿北地区完成工业产值560亿元，占全市总量的三分之一。

西部市场物流板块。启动了总投资80亿元的"一城三园"重点物流项目建设，其中，总投资20亿元的农产品物流园于2009年11月份竣工运营，日蔬菜交易量达到1500万公斤，发布的"中国·寿光蔬菜指数"，成为全国蔬菜价格变动的"晴雨表"。

东城商务新区板块。加快城市东扩进程，先后实施了25个旧村改造工程，2万多村民直接变身为市民；新建改造滨河大道南伸、金光街东伸等10余条道路，扎起了"五纵六横"的路网框架；建成了弥河湿地公园、两馆一中心、东城公园、企业总部群等一批重点基础设施工程，全力打造集生活居住、商业办公、总部经济、生态旅游等多功能于一体的城市新区。

双王城生态经济板块。为最大限度发挥寿北丰富的生态资源优势，规划建设了占地150平方公里的双王城生态经济区。突破行政区划界限，把双王城水库、巨淀湖、林海博览园、小清河生态湿地等所在区域全部纳入，赋予镇级管理权限，实行统一管理、统筹开发。规划了总面积2100亩的生态商务区、1.5万亩的巨淀湖生态旅游区、1.1万亩的双王城水库区和1万亩的林海生态博览园，目前已先后开工建设了总投资20亿元的巨淀湖水生态修复等30个过亿元生态文化旅游项目，巨淀湖生态旅游区创成3A级旅游景区，成功打响“水上王城”生态旅游品牌。

三是坚持分类推进。根据15个镇街区的区位优势和产业特点，本着宜工则工、宜商则商、宜农则农的原则，不搞“一刀切”，加快推动镇域经济差异化、集约化、特色化发展，走“一镇一业”、“多镇一业”抱团发展的路子。圣城街道、洛城街道等城区街道，以城市建设为主，重点发展城市经济和现代服务业；孙家集街道、稻田镇、纪台镇、田柳镇、上口镇、化龙镇等镇街，立足农业优势，大力发展现代农业园区和设施农业；文家街道、营里镇，依托区位和交通优势，重点发展物流业；羊口镇、侯镇、台头镇、古城街道集中发展新型工业；双王城生态经济园区，不上任何工业项目，不参加各类镇级考核，注重发展生态经济。

（二）推进产业发展一体化，构筑“均衡发展”支撑

寿光市坚持用“腾笼换鸟”、“凤凰涅槃”的思路和办法，科学规划城乡产业布局，加快推进农业园区化、工业集群化、服务业品牌化，促进三个产业的协调发展，实现第一产业基础地位巩固，第二产业质量效益提升，第三产业占比逐年扩大的有利局面，三个产业比达到12.3：48.7：39。

一是加快农业创新步伐，农业优势更加明显。为始终保持蔬菜产业的引领地位，寿光积极推进农业由分散种植向园区种植、由注重数量向提高质量、由蔬菜生产向种子研发“三个转变”，提升农业发展水平。

推进农业园区化。寿光抓住成为国家第一批现代农业示范区的机遇，把羊青路、羊田路、大沂路3条道路两侧的农业优势区，作为高端农业、生态农业和循环高效农业发展集聚区，着力打造“三条现代农业生态走廊”。全长58公里的羊青路现代农业走廊，已入驻种子研发、种苗繁育、循环高效农业项目30个。目前，全市高端蔬菜园区发展到146处、标准化畜牧园区503个、工厂化水产养殖园区9处。

推进农业高端化。寿光把种子研发作为推动农业高端发展的切入点，按照“政府引导、企业主体、社会参与”的种业研发思路，着力培育研繁推一体化龙头企业，全力推进种业研发。启动实施了省级农业技术产业示范区，开工了国家蔬菜种业创新创业基地和蔬菜分子育种实验室，建设了天津德瑞特、江苏绿港等8个蔬菜育种研发中心，组建成立了注册资本1.5亿元的蔬菜种业集团，重点扶持寿光蔬菜产业集团建设了投资2亿元的蔬菜种业科技创新孵化器、百万平方米的“荷兰模式”基地，成功收购荷兰2家种子研发机构，提升种子研发水平。目前，寿光种苗年繁育能力达到14亿株以上，自主培育的蔬菜达到36个，争取到“十二五”末，自主研发、合作研发的蔬菜新品种达到60个以上，占到全国份额的40%左右。

推进农业标准化。把保证群众“餐桌上的安全”、“舌尖上的安全”作为农业发展的重点，依托智慧城市建设，引入二维码等信息技术，整合电子政务系统和相关部门业务系统等资源，建立统一的农产品和食品质量安全监管追溯平台。平台主要包括追溯平台、监管平台、投诉举报平台、认证管理四部分，全市所有涉及农产品生产、经营的单位和个人都纳入平台统一管理，从种植环节到流通环节都有详细记录档案，管理者和消费者可以随时随地查到该产品的相关信息。一旦出现问题，有关部门可以及时进行协调处理，最大限度地保障农产品质量安全，全力打造全国最安全、最放心的农产品生产基地。

推进农业组织化。受30年土地延包政策的影响，在一些地区的农村人地矛盾较为突出，既影响了农村社会稳定，又阻碍了农业规模经营，限制了农民增收、农村富裕。为此，寿光积极探索土地流转、集约经营的路子，形成了以土地入股为代表的政府引导、合作社带动、能人大户租赁和村企共建等五种模式，有效解决了目前“三农”方面存在问题，实现了强村富民。目前，全市累计流转土地25万亩，农业龙头企业发展到410家，农村专业合作经济组织1022个，注册家庭农场近500家，全市80%以上的农户进入产业化经营体系。寿光东斟灌村的土地入股模式就是一个典型例子，得到了山东省委、潍坊市委等有关领导的高度评价。该村共586户2073口人，耕地面积4486亩，其中集体机动地2000多亩，是典型的农业村。近年来，该村“增人不增地、减人不减地”问题突出，且土地分散经营，群众增收困难，影响了农村经济发展和稳定。这种情况下，该村通过组建土地股份合作社，将全村的4486亩耕地全部流转，集中发展农业园区，巧妙地化解了人地矛盾，盘活了土地资源，促进了村集体和村民收入双增长，村集体收入由每年的30多万元增加到70多万元，带动农民人均多增收2000元。坚持群众自愿原则。村两委始终坚持群众利益至上，把决策权交给村民，尽力让所有村民都满意，充分调动了全体村民参与土地流转的积极性。坚持自主定价原则。在签订入社合同后，根据地块位置、面积等具体情况，由村民将承包费合理划分为每年每亩700元、600元、500元三类，灵活签订了3～12年的承包合同，并根据粮价情况每三年调整一次。坚持有偿分配原则。将全村的4486亩耕地全部流转，所有村民每人分到1亩地，以土地承包经营权入股，1亩地为1股，其余2000多亩土地作为集体股，入股村民，每年每股保底分红600元，集体土地股份按照社员40%、集体60%的比例进行二次分红，并根据土地价格变化和粮价涨跌情况，每三年调整一次，保证村民收益有增无减。坚持依法办事原则。合作社从方案制定到日常运营，都坚持以法律为依据，不改变土地性质，村民入社合同全部经司法部门公证，确保每一个章程都有法可依。

推进农业品牌化。以龙头企业和专业合作社为主体，按照“规划一批、培育一批、成熟一批、推出一批”的工作思路，积极开展国家地理标志产品、绿色食品等品牌创建，并依托蔬菜博览会，加大品牌宣传推介力度，提高品牌知名度，实现农副产品的优质优价。目前，全市国家地理标志产品达到17个，70%以上的园区蔬菜以品牌形式进入京、沪等大中城市高端市场，成为家乐福、乐购等国际知名服务商的战略合作伙伴。

二是加大工业转调力度，优化工业经济结构。坚持把转型升级和节能减排作为工业发展的核心环节，突出高端引领、打造链条、培育集群、优化布局，全面提升工业发展层次。2013年，全市规模以上工业企业实现主营业务收入1739亿元、利税135.1亿元、利润97.4亿元，高新技术产业产值占比提高到37.2%。

全力推进项目建设。把重点项目建设作为“一号工程”和首要任务，依靠项目建设优化结构、膨胀总量。突出抓好战略性新兴产业项目，围绕“四新一海”，集中筛选兰典生物、申沃新能源汽车等45个战略性新兴产业项目，集中打造新能源汽车、生物化工等新兴产业集群。改造提升传统产业，按照“关停一批、整改一批、提升一批”的思路，积极引导企业通过进口设备、改进工艺、引进人才等手段，加快淘汰落后产能，提升“绿色发展”能力。2013年，全市完成工业投入165.3亿元，新建续建过亿元项目162个。

做大做强骨干企业。充分发挥骨干企业在推动工业经济转型发展上的主力军作用，重点培植海洋精细化工、石油装备、汽车及配套产业、造纸包装、食品加工、新型能源、高端生态农业、现代服务业等“八个500亿级产业”。2013年，寿光主营业务收入过10亿元的企业达到29家，其中晨鸣纸业、联盟化工等5家企业过百亿元，11家企业实缴税金过亿元。

加快企业创新步伐。深化工业化与信息化深度融合，与台湾电电公会合作，创新搭建了能源网与运筹网平台，推动企业节能减排，丰富销售渠道，提高收益。目前，能源网已完成数据中心、支撑数据库及管理系统建设，计划培训1000名能管员；运筹网正在建设采购招标系统，计划对30家重点采购商、企业进行培训，预计将吸引1000家以上供货商企业加入运筹网。积极实施高层次创新创业人才“双百计划”和“招才引智”工程，设立了5000万元的高层次创新创业人才扶持基金、高新技术产业发展基金，去年新引进各类高层次人才426人、国家“千人计划”特聘专家4人。深入推进技术创新载体建设，国家火炬寿光卤水综合利用特色产业基地、山东半岛蓝色经济工程研究院、卤水高新技术产业孵化基地等3个国家级技术创新平台落户寿光，累计建成省级以上高新技术企业26家。2013年，兰典生物等3个项目入选国家“863”计划项目库，新增潍坊市以上企业技术中心和工程中心12家，成为中国海洋化工、石油装备、防水材料三大国家级产业基地。

三是强化流通体系建设，提升服务业发展层次。坚持把发展服务业作为推动产业结构优化升级的重要举措，启动实施服务业“五十百千”工程，切实抓好农产品物流园等5个大型物流园区和红星美凯龙等10个城市商业综合体建设，加快推进果菜批发市场二期等100个投资过亿元的服务业重点项目，扶持发展1000家限额以上服务业企业，着力将服务业打造成最具活力、最具奉献力的支柱产业，2013年服务业占比达到39%。

大力发展商贸业。依托中心城区，构筑网点密集、业态多样的城市服务业体系，重点打造正阳路、渤海路等5个特色商业街区，吸引红星美凯龙、银座商城等6家国内和省内著名商贸企业入驻，屈臣氏、麦当劳、必胜客、上岛咖啡等国内外名牌相继落户，本地培植的全福元商业集团年销售额突破50亿元，连续9年稳居全国县级同行业首位。2013年，全市实现社会消费品零售总额204亿元，32家商贸企业销售收入过亿元。

大力发展物流产业。在城区东部，重点推进总投资6亿元的果菜批发市场建设，全力打造全国最大的果菜专业批发市场，项目全部建成后，年交易规模达到15亿斤，年交易额30亿元。同时，利用信息化手段建设电子商务平台，实现果菜即期现货交易、蔬菜种权交易和果菜现货拍卖交易。目前平台网站已建成，交收仓库、质检机构等配套完备。在寿光北部沿海地区，依托建设中的寿光港，大力发展临港物流，已落实过亿元物流项目5个，总投资10.8亿元。城区西部，重点推进国际商贸城、农产品物流园、渤海物流园、晨鸣物流园等物流项目建设。目前，全市初步形成了东部果蔬物流、北部临港物流、西部市场物流三足鼎立、功能互补的现代物流发展格局。

大力发展旅游业。按照“南蔬菜、北生态”的旅游发展思路，高标准建设蔬菜高科技示范园、弥河生态农业观光园、林海生态博览园、巨淀湖生态旅游区等旅游资源，打造菜博会旅游品牌。目前，全市4A级国家旅游景区达到4家。

加快发展金融服务业。坚持把金融产业放在优先发展的战略位置，创新融资模式，防范金融风险，推动金融产业与城镇化的共同发展。截至目前，全市银行机构发展到14家、保险机构36家、小贷公司9家、融资性担保公司5家，典当、证券、拍卖等新型金融机构5家，有效解决了企业资金难题。注重金融产品创新。为有效解决农民贷款难和银行放款难的“两难”问题，从2008年开始，寿光在创新推出蔬菜大棚、农村住房和土地使用权等“三权”抵押贷款的基础上，不断扩大抵押物范围，又先后推出了海域使用权、盐田承包经营权等10多种产权抵押贷款业务，目前已累计发放产权抵押贷款52亿元。去年，寿光又抓住被中国人民银行确定为全国唯一的订单融资创新试点区的机遇，大力发展蔬菜订单业务，累计发放订单融资10亿元，缓解了农业生产资金短缺问题。注重债券融资创新。对条件不成熟、短期内上市困难的企业，引导其采用企业债券、短期融资券、集合票据等融资工具进行融资，寿光在全国率先发行“三农”中小企业集合票据、境外人民币中期票据，去年就为15家企业从债券市场融资78.5亿元，有效缓解了企业融资难题。注重风险预防创新。为最大限度地降低金融风险，寿光创新推出了一系列预防金融风险举措。其中，在全国首创推出“财政+人保财险公司+银行”的保证保险模式，市财政按照贷款额的1.5%先期注入资金3000万元，设立2个规模各10亿元的贷款保证基金（蓄水池），缓解贷款客户担保不足问题。目前已帮助15家农户、21家企业获得贷款6000万元。

大力发展电子商务。顺应“电商时代”发展潮流，借助智慧城市建设，加快电子商务与传统服务业的全面融合，加强与阿里巴巴、恩源科技等知名电商合作，启动建设了中国（寿光）农资电子商务总部基地、电子商务大厦等电商项目，推动电子商务产业集群发展。

（三）推进城乡建设一体化，搭建“均衡发展”载体

突出市、镇、村三个节点，树立了以城带乡、以乡促城的理念，避免就城市抓城市、就农村抓农村，加快推进城郊村向城市集中、镇郊村向小城镇集中、周边村向中心村集中，搭建“均衡发展”的有效载体，全市城镇化率达到55.5%。

一是打造精品城市。按照“一河两片、跨河发展”的城市发展思路，以弥河为中轴线，坚持成片规划、组团开发，同步推进东部新城建设和西部旧城改造。2013年，中心城区完成城建投入81.7亿元，开工建设企业总部群、中南世纪星城等城建重点项目93项，全市高层建筑总数达到750栋。目前，城市建成区面积49.5平方公里，人口43万，初步形成了“两环八横十四纵”的道路体系。在城市建设快速推进的同时，城市管理问题日益复杂，如何解决这些问题，更好地推进城市管理就提上了重要议事日程。2010年，寿光投资1600万元，按照“统筹规划、分步实施、应用主导、服务民生、资源共享、特色鲜明”的建设思路，整合环卫、城管、园林、路灯、城建等信息资源，建成了数字化城管平台，实行“一级监督一级指挥”的数字化城管模式，市级设立数字化城市管理监督指挥中心，负责城市管理问题的指挥、调度、监督、评价、奖惩；在城管、环卫、园

林、城建处、建工处、路灯所等城市管理部门及各镇街道设立二级平台，负责城市管理问题的案件受理、处置、反馈；城市管理各部门在数字化城市管理监督指挥中心的调度下，各负其责；镇街设立数字化城市管理处置部门，负责接收市级监督指挥中心的指令，处理辖区内的城市管理问题。为准确及时地收集信息，寿光对49.5平方公里的城区、12万部件信息建档入库，划分为1248个单元网格，外包信息采集员50人，将城市管理存在问题随时发现随时传送到12319平台，由12319平台分派到各职能单位及时处理并上报结果，每月处置各类城市管理问题5000余件。这种运行模式，有效避免了多层管理带来的责权不清、管理效能低等问题，城市管理由被动变为主动，城市管理更加精细。去年，按照智慧寿光建设的要求，又整合国土部门“数字寿光”地理信息系统、公安部门视频监控系统、环保部门污水在线监测系统、水利部门农村安全饮水数据系统、寿光民声平台等信息资源，将“数字城管”升级为城市公共服务平台，实现社会管理全覆盖。

二是发展实力小城镇。立足本地资源和产业特点，实施差异化、特色化发展，着力培育支柱产业，以产业带动城镇发展，打造一批商贸重镇、旅游名镇和经济强镇，镇域经济实力明显增强。去年，全市完成小城镇建设投入25亿元，有6个镇街公共财政预算收入过2亿元。

三是建设新型农村社区。按照“统一规划、分步实施，以人为本、群众自愿，因地制宜、实事求是，整合资源、同步配套”原则，全力打造风格鲜明、满足不同层次需求的新型农村社区。在具体操作过程中，创新采取了三种模式。一为土地挂钩模式。对农业生产区域内的村庄，抓住国家土地挂钩试点的重要机遇，制定出台了加强农村土地整治促进新农村建设暂行办法和挂钩项目建设用地指标使用管理办法，按照净节余一亩土地，市财政补助27万元的办法，引导农民整体拆迁新建社区。二为城中村改造模式。对区位条件和商业基础较好的城中村、城郊村，结合旧城改造和新城开发，采取市场运作模式，集中建设住宅小区。土地出让后的政府收益部分返还相关村，用于群众的安置房、保障房和商业用房建设，既让群众住进了楼房，又保障了百姓长期有收入。三为村企共建模式。对因社会事业和企业发展占用村庄土地的，由市财政和相关企业出资建设村民安置房。截至目前，寿光累计开工新型农村社区130个，公寓楼建设超过10万户，节约土地8000多亩，极大地改善了农村居民的生活条件，膨胀了城镇规模，增强了城镇的吸纳能力和聚集能力。

（四）推进生态文明一体化，优化“均衡发展”环境

坚持以建设美丽寿光为目标，积极探索生态文明与经济增长良好互动、协调发展的新路子。

一是治理工业污染。严格限制高污染、高耗能产业发展，严禁新上小化工企业，针对重点工业园区开展拉网式执法检查，筛选确定了105个限期治理项目，累计投资5亿元，通过新上环保设备、改造升级等办法，集中治理污染项目51个，关停污染严重的企业7家。加快建立覆盖全市的环境监测监控网络，2014年在15个镇街区全部安装PM2.5监测设备并全部联网，对全市空气环境质量进行实时监测，第一时间锁定污染源，切实改善环境质量。

二是限行黄标车。在城区重要路段全面禁行黄标车，禁行路段全部安装提示禁令标志，对在禁行区域内居住的黄标车车主核发限行道路通行证，过渡期一年，目前已警示劝告黄标车2780辆次，办理通行证286个，查处黄标车违法行为296起。同时，责成党政机关、事业单位带头淘汰黄标车，环卫、公交等公共车辆率先实施“油改气”或“油改电”，目前已有18辆环卫用车完成“油改气”，城区空气质量逐渐改善。

三是控制城市扬尘。加强城区施工现场整治，施工围挡由1.8米提高到2.5米，在每个工地确定1名监察员，定期对工程现场、渣土运输车辆等进行巡查整改；集中打造了2处扬尘防控样板工地，组织全市范围内的建筑企业进行参观，搞好以点带面和示范引导；大力整治烧烤摊点，对无固定门店的露天烧烤一律取缔，沿街门头一律进店经营；加强城市道路和裸露地面扬尘治理，城市主要道路车行道每天至少洒水1次，建立城区裸露地面台账，对登记在册的47个地块实行分类补植绿化或硬化。

四是严控污水直排。建成运营15处污水处理厂，城乡污水处理实现全覆盖；搞好污水处理厂设施配套，在12处排污口同步规划建设湿地净化工程，提高水质净化能力；创新污水处理方式，投资7000多万元的综合污水处理厂污泥无害化综合利用项目已投入运行，日处理能力250吨，投资1.7亿元的默锐中水再治水银行项目一期已建成，年处理能力5万吨，将有效解决寿北工业园区淡水不足问题。

五是降低燃煤总量。加快实施总投资4.9亿元的鲁清石化油气回收等27个节能技改项目，全部建成后年可节约标准煤13万吨；年底前完成18家重点燃煤企业的除尘、脱硫改造，确保污染物稳定达标排放。将城市建成区全部划定为禁燃区，禁燃区内严禁新上燃煤锅炉，对城区现有的41个6吨以下燃煤锅炉年底前全部拆除，必备小型锅炉全部使用天然气、电力等清洁能源取代。

六是严控农业面源污染。立足寿光农业发展现状，深入实施沃土工程，全市测土配方施肥技术推广面积扩大到215万亩，占全市作物栽培面积的90%；加强畜禽养殖污染治理，投资3500万元，建成全省首家病死畜禽无害化处理厂，病死畜禽集中处理率达到30%，力争到2015年达到50%；逐步扩大禁养区范围，取缔小型养殖项目，新四环路以内不再新上畜牧小区，全力推动畜牧养殖标准化、规模化。

七是抓好生态绿化。按照城市绿化标准统筹规划镇村绿化，在城区，建成东城公园、中华牡丹园等50余处绿地游园，绿化覆盖率达到44.7%；在农村，重点实施双王城水库环库林场等三大万亩林场建设，启动以益羊铁路沿线林带为重点的环城林带建设，林木覆盖率达到23.8%。

（五）推进民生平安一体化，共享“均衡发展”成果

高度重视保障和改善民生，每年都确定实施一批民生实事，推进公共服务均等化，最大限度地让城乡居民共享发展成果。

一是城乡环卫一体。在城市环境卫生不断改善的情况下，农村环境卫生质量普遍没有得到重视，农村“脏、乱、差”等问题依然大量存在。前些年，寿光同样存在此类问题。为解决农村环境卫生质量，让农民享受到与城里人一样的卫生服务，寿光市把城乡环卫一体化作为为民承诺的实事工程，创新思路，完善机制，按照试点、推广、直接管理的步骤，分期分批统筹推进，将全市975个村庄和乡级以上道路全部由环卫部门直接管理，实现 “一把扫帚扫到底”，人民群众的生产生活环境明显改善。

建立工作推进机制。市里成立工作领导小组负责牵头协调，所有镇街全部设立环卫所，配备3～5名工作人员，具体负责辖区内的日常管理工作；所有村庄按照每75户1人的标准配备3350名村庄保洁员和110名村庄管理员，实行全天候清扫和巡查监管；乡级以上道路按照每100公里1个车组的标准配置20个车组，每个车组由8～15名清洁员和4台运输机械组成，形成市、镇、村三级联动，合力推进城乡环卫一体化工作的良好格局。

建立资金保障机制。对每年2500万元的村庄保洁费用，将各镇街区按照经济状况划分为3个等次，分别承担总费用的70%、50%和30%，其余由市财政承担；每年1900多万元的农村生活垃圾清运费和处理费，由镇级财政承担；特别是针对寿光蔬菜大棚垃圾多、处理难度大的现状，该市在乡级以上道路沿路建设了529个大棚蔬菜垃圾暂存点，并在每个镇街区建设2～3处填埋点，每年2000万元的路域垃圾清运处理费用，市财政承担县级以上道路，镇财政承担乡级道路，有效解决了蔬菜大棚垃圾等路域垃圾乱堆乱放问题。目前，该市用于城乡环卫一体化的固定投资超过1亿元，建设日处理能力100吨以上的压缩式垃圾中转站21座，购置农村垃圾运输车辆233部；设置农村垃圾容器2万个，建设了5处垃圾处理厂。每年6500多万元的运行费用，全部由市镇两级财政承担。村民不拿一分钱，就享受到了与城区一样的环境卫生标准。

完善环卫管理机制。一方面，积极推行标准化管理。在村庄，实行机械化清扫和人工清扫相结合，一日两普扫和中间捡拾相结合的保洁模式，实现了全天候、无缝隙保洁。特别是在麦收、秋收等垃圾较多的时段，集中开展处置村内“三大堆”等专项综合整治，保证农村环境卫生。另一方面，依托数字城管系统，加强对环卫车辆的实时监控、远程调度，提高工作效率，提升城乡环境质量。建立监督考核机制。制定出台监督考核办法，领导小组办公室定期巡查考核，考核结果与镇街区年度综合实绩挂钩，与环卫工人工资挂钩，充分调动各方参与环卫工作的积极性。

二是城乡交通一体。为更加方便群众出行，在2002年实现村村通柏油路的基础上，2013年以来，又累计投入2亿多元实施了农村公路网化工程，公路通车总里程达到3848公里，全市每个村庄至少有1条硬化道路与主干道路相连接，打造了“村村通”柏油路升级版。进行城乡公交一体化改革，收购原来个体挂靠和承包经营的农村客运车辆，新开通市区至岔河、羊口和海化方向的3条城乡线路，投入75辆新型清洁能源公交车进行运营，并同步开通了镇村公交线路。新投入的公交车全部安装智能化公交系统，实现GPS监控、视频录像、移动电视及语音播报、公交车运行智能查询系统等功能的应用，提高群众出行便捷和安全。现在又在着手推进城区公交改革，拟定组建寿光交运集团，新开通公交线路15条，新投放新能源公交车180辆。投资1100万元建设了公共自行车服务系统，设立100个站点，投放3000辆自行车，建设了公共自行车网站和手机APP客户端，有效解决市民出行最后一公里问题。

三是城乡供水一体。为彻底解决全市农村饮水安全问题，投资3.4亿元完成农村饮水安全工程，铺设入村管道343公里，解决315个村75万群众的安全饮水问题，全市所有村庄实现集中供水。为更好地管理城乡供水，开工了总投资700万元的农村饮水安全信息化管理系统，建设了信息化中心1处、水厂监测点2处、管网压力监测点5处、村头压力流量监测点5处、管网水质监测点2处，铺设光缆40.5公里，维修改造了4处闸坝监视设备，有效保障了城乡居民用水需求。同时，建设较为完善的取水远程在线监控系统，对全市日取水100立方米以上的企业实现全时段监控，掌握区域水资源动态变化及利用情况，实现寿光市内水资源的合理调配和全面监控。

四是安全供电一体。积极实施“一户一表”改造工程、城区配电自动化工程、节能降耗技术示范工程和农电安全管理等四大惠民工程。“一户一表”改造主要通过实行中低压配电网改造、集表箱改造、在规模较大或者离供电所较远的居民小区设立POS机售电点等方式，实现供电到户、抄表到户、收费到户、服务到户“四到户”。该工程从2013年8月1日开始实施，计划用3年时间，完成全市行政区内未实现供电企业直供的9.8万户城区居民和1.4万户农村居民户表改造任务，工程将进一步提高供电的可靠性，降低居民生活电价，让城乡居民均能享受到供电直供到户的优质服务。城区配电自动化改造工程主要利用现有的网架、设备资源，采用先进电力技术，对48条城区线路进行配电自动化改造，保障供电的可靠性和供电质量。节能降耗技术引领工程主要是通过优化网架结构、强化电网节能管理等措施，发挥电力在节能降耗中的技术支撑作用，促进节能减排，提高能源利用效率。农电安全管理示范工程主要通过高标准开展用电安全示范建设、加强农业生产用电设备改造等措施，从根本上改善农村用电安全管理状况，着力解决人民群众用电困难，构建和谐新农村供用电环境。特别是针对出现的农电安全问题，寿光创新推出供电保险业务，由寿光市供电公司与保险公司签订100万元的农村用电保险合同，一旦农村用电户出现用电安全事故，均由保险公司理赔，进一步保障人民群众的生命财产安全。

五是治安监控一体。结合智慧城市建设，投资5900万元，在市区重点部位、进出城区主要道路、镇街政府驻地以及973个村庄全部安装视频监控探头，逐步推动老旧小区、背街小巷视频监控系统建设，全市用于治安管理的监控探头达到了3.5万个，实现了农村有监控、道路有卡口、城区全覆盖的视频监控网，形成了对社会面有效覆盖的“天网”视频监控网络，在维护社会稳定、打击违法犯罪方面的作用日益明显，群众的安全感大幅提升。

六是城乡社保一体。在全国率先开展新农保试点，将城镇非从业人员纳入新农保，实现城乡居民社保全覆盖；市财政每年拿出9000万元，在全省率先实施基本药物制度，所有镇街医院和村卫生室实现药物零差率销售；启动实施全国重特大疾病医疗救助试点工作，将14类重大疾病列入医疗救助范围；投资8000万元建成全省县级一流的社会福利中心，对农村五保老人实行集中供养，社会养老体系建设全面启动，广大人民群众特别是弱势群体的生产生活得到了有效保障。

七是政务服务一体。整合政府各部门各类呼叫资源，规范服务标准，整合28个部门的非应急类政务服务热线电话，建设了寿光市公共服务呼叫中心。群众通过拨打5112345

一个号码就可以受理政府职责范围内的所有事项，真正实现了“5112345，一个号码找政府”的目的，增强了为群众服务的能力。目前，受理数量已由整合之前的受话量约50个/天、制单转办数平均约15件/天，增加到了平均受话量约70个/天、制单转办数约25件/天。

八是城乡教育一体。为让每个孩子享受到公平、均衡的优质教育，不断深化教育改革。启动校园安全饮水工程，为所有农村中小学安装600多台电热节能净化饮水器；实施“接送学生安全工程”，配备标准校车352辆，创建为全国县域义务教育发展基本均衡县（市）。投资55亿元，新建、改建学校78处，总建筑面积72.9万平方米，所有普通中小学均达到潍坊市标准化要求。城乡儿童学前三年入园率达到了100%。全市大学数量达到2家，投资6.2亿元的职教中心被确定为国家级中职改革发展示范学校。积极开展社区教育培训，城市和农村居民参与率分别达到70%以上和60%以上，年培训农民工30多万人次，被教育部确定为全国社区教育实验区。同时，投资2.9亿元，实施 “信息化带动教育现代化”发展战略，推进信息技术应用，加快教育云平台建设，完成高速宽带“班班通、校校通、师生互动”配套，实现优质教育资源城乡共享。

（六）推进党的建设一体化，夯实“均衡发展”基础

坚持以城乡统筹的思路创新基层党建工作，整合城乡党建资源，推动基层党建互动共进，为实现均衡发展提供坚强组织保证。

一是创新党建工作机制。以创先争优活动为载体，扎实开展了选派“第一书记”推动“包千村联万户”活动，探索建立了“合作社里建支部，党员带着社员富”的党建新路子。全面加强城郊村党建工作，组织开展了党政机关、企事业单位党员“双报到”活动，归纳总结了不合格党员6大类75项具体表现，寿光市党员队伍纯洁机制做法，在“全国发展党员和党员管理工作座谈会”上作了典型发言，被中组部认定为十七大以来处置不合格党员的五种模式之一。

二是健全作风转变机制。严格落实中央“八项规定”，以正在开展的党的群众路线教育实践活动为载体，牢牢把握“学习教育、听取意见，查摆问题、开展批评，整改落实、建章立制”三个重要环节，针对“四风”问题，积极整改，在公务接待、工作日午间禁酒等方面进行专项整治，作风建设取得明显成效。严格落实党风廉政建设责任制，创新建立“寿光民声”网络平台，推行“五廉”系统工程和廉政风险“四步防控”机制，积极引导党员发扬敢于超越、敢于挑战、敢于担当、敢于领先“四敢”精神，营造廉洁自律干事业、拼抢赶超争一流的浓厚氛围。

三是强化工作推进机制。全面推行一线工作法和目标管理法，大力度提升执行力，确保各项决策部署全部落实到位。积极倡树“三个导向”：倡树“不简单以GDP论英雄”的发展导向，更加注重追求高质量、高效益的发展，追求绿色低碳、生态环保的GDP；倡树“凭实绩用干部”的用人导向，进一步健全干部考核评价体系，坚持“以发展论英雄，凭实绩用干部”；倡树“实绩与潜绩并重”的考核导向，对镇街道、部门的考核更加注重对社会和谐、群众满意度等“隐性指标”的考核，形成干事创业、加快发展的浓厚氛围。

四、成效

（一）城乡建设同步提升

寿光市城镇化率相比2000年增长了33个百分点，达到55.5%；建成国家重点镇1个，省级中心镇4个，潍坊市级中心镇6个，羊口镇成为山东省经济发达镇行政管理体制改革试点镇，羊口镇、侯镇成为山东省小城镇建设示范镇，双王城生态经济园区成为“美丽乡村”创建试点镇；开工建设农村社区130个。

（二）城乡经济同步发展

寿光财政总收入、公共财政预算收入分别是2010年的1.7倍和2.2倍；地方财政收入过亿元的镇街道增加到7个；村集体经济收入5万元以下的村基本消除。

（三）城乡居民收入同步增加

10年时间，城镇居民人均可支配收入、农民人均纯收入分别由9170元、5016元增加到29130元、14408元，年均增幅均达到11%以上。

（四）产业结构层次的同步优化

三个产业比由2010年的14.2：52.2：33.6调整为12.3：48.7：39，高新技术产业产值占比提高到37.2%，产业结构层次更加优化。

（五）经济发展与生态建设同步推进

近年来，寿光每年用于生态建设的投入都达到20亿元以上，特别是2012年，寿光拿出近十分之一的面积发展生态经济，实现了生态与经济的良性互动、协调发展。

（六）城乡居民生活品质同步改善

连续多年，该市用于民生事业投入每年递增20%以上，仅2013年，财政用于民生事业的投入就达到50.3亿元，占财政总支出的64.2%，环卫、集中供水、治安监控等服务实现城乡全覆盖。

（七）城乡发展活力同步增强

为打造最优发展软环境，仅2013年就取消审批事项164项、下放13项、减免行政事业性收费项目19个。对羊口镇、侯镇分别下放管理事项91项和82项，扩权强镇步伐不断加快。通过政务公开平台公开政务信息2万多条，服务群众能力得到提升。

五、经验

（一）注重顶层设计，构建起城乡一体发展框架

坚持全域一体发展，突出“以人为本、产城融合、均衡发展”三个理念，搞好顶层设计，用智慧的方法推进规划布局、产业发展、城乡建设、生态文明、民生平安和党的建设六个一体化配套联动，有效推动“城乡一体均衡寿光建设”。

（二）注重以人为本，充分调动群众参与新型城镇化的积极性

把人的城镇化作为努力的方向，坚持问政、问计、问需于民，着重解决教育资源向乡村倾斜、社保医疗全覆盖等群众关心的民生问题，充分调动群众支持、参与城镇化的信心和愿望。

（三）注重产城融合，为新型城镇化提供坚强产业支撑

坚持把产业的发展放在重要位置，产业、城镇两位一体，智慧理念贯穿其中，通过智慧城市建设提升工业、农业、服务业的智能化、科技化水平，推动经济发展、带动人口转移、拉动城镇建设。

（四）注重均衡发展，让群众共享经济发展成果

树立城乡一体的理念，加大基础设施、公共服务设施等向农村倾斜的力度，先后推动城乡环卫、城乡交通、城乡供电、城乡供水一体化等民生实事工程，城乡居民平等共享经济社会发展成果。

下一步，寿光将全面贯彻党的十八大和十八届三中全会精神，把新型城镇化作为经济社会发展最优先的路径，按照“生态优美、产城融合、宜居宜业”的目标定位，转变发展理念，融入智慧理念，不断提升城镇内涵，打造优美人居环境，在更高层次上推进“城乡一体均衡寿光”建设。

寿光市委书记：朱兰玺

寿光市市长：赵绪春

寿光市智慧城市创建工作行政责任人：赵绪春　寿光市市长

寿光市智慧城市实施管理办公室：寿光市人民政府办公室

点评

点评人：张文奇（教授　中国城市规划设计研究院）

新型城镇化不是简单的城镇建设，而是以此为平台综合工业化、信息化、农业现代化等多个领域协调发展的综合工程，脱离了产业发展而依靠单一的政府投入方式来拉动，城镇化就成了无本之木、无源之水，势必难以健康可持续发展。寿光人用智慧的思想、智慧的措施进行新型城镇化建设，取得了良好效果。

寿光市委市政府坚持以城乡统筹的思路创新基层工作，整合城乡资源，为实现智慧寿光建设提供坚强组织保证。寿光人认识到智慧城市建设不只是简单的信息化建设问题，而是一个庞大复杂的系统工程，统筹考虑，全面谋划，搞好顶层设计，建立“以人为本、产城融合、均衡发展”的理念，系统整合社会经济发展规划、城市规划、土地利用规划等各种规划，提出目标、要求和措施，有效推动“城乡一体均衡寿光建设”。

寿光人搞智慧寿光不玩花架子，把工作做到实处，在城镇化和智慧城市建设中，始终坚持把产业的发展放在重要位置，产业、城镇两位一体，智慧理念贯穿其中，通过智慧城市建设提升工业、农业、服务业的智能化、科技化水平，推动经济发展，带动人口转移，拉动城镇建设，最终实现产城融合、一体发展。在注重经济发展和城镇建设的同时，寿光同样非常关注环境保护和生态文明建设，坚持“不简单以GDP论英雄”的发展导向，注重追求高质量、高效益的发展，追求绿色低碳、生态环保的GDP。

产城有机融合　城市智慧升级

——佛山市乐从镇创建智慧城市探索实践

【摘要】随着城镇化进程的加速和社会竞争的加剧，乐从的发展面临着规划滞后、产业低端、环境恶化、公共服务不足等各种挑战。为实现城镇的科学管理和可持续发展，促进传统产业升级、新兴产业集聚，乐从镇迅速作出反应，创新管理模式、深化社会体制改革，在坚持事权统一的原则下，把乐从智慧城镇建设的统筹推进以服务外包形式委托民办非营利组织实施。同时，乐从镇坚持"产业支撑城市、城市提升产业"的产城融合理念，以产业链为抓手，促进企业转型；以总部经济为核心，助力产业智慧升级；以"三大改革"为契机，转变政府服务方式；以宜居环境为配套，体现以人为本的社会价值取向，致力打造"发展更科学，管理更高效，社会更和谐，生活更美好"的智慧乐从。

一、背景

乐从镇坐落在珠三角黄金腹地、佛山市中心城区南部，顺德区的西北部，毗邻广州，靠近港澳。国道325线穿越南北，佛山一环贯通全镇，东平河、顺德水道夹镇而流。面积约78平方公里，下辖5个居委会，19个村委会，户籍人口10万人，常住人口约26万，拥有港澳、海外侨胞6万多人。2013年实现地区生产总值129.36亿元，同比增长11%；贸易业销售收入793.34亿元，同比增长15%，其中三大市场(钢铁、塑料和家具)销售合计746.87亿元，同比增长14.22%。工业总产值118.55亿元，增长2.91%；税收入库26.26亿元，同比增长38.10%；财政收入为14.15亿元，同比下降6.53%。三个产业比例为1.5：29.2：69.3。乐从不仅是广东物联网应用产业基地、广东省居家养老服务示范中心创建点和广东家具（乐从）国际采购中心，同时还荣获“国家智慧城市试点城镇”、“国家级电子商务试点镇”、“中国专业市场示范镇”、“中国钢铁专业市场示范区”、“中国塑料商贸之都”和“中国家具商贸之都”等诸多荣誉称号。

2013年12月，按照佛山市委市政府决策，在区域建制不变、归属不变的情况下，乐从镇与佛山新城（中德工业服务区）实施全面融合发展。

二、问题

作为一个仅有78平方公里的弹丸之地，乐从成就了世界最大的家具市场、全国最大的钢铁交易市场、华南最大的塑料交易市场的经济奇迹。蓬勃的产业发展为经济注入强大的动力，也推动乐从由传统的乡村形态逐步向现代的城镇形态过渡。但在这样显赫成就的背后，乐从正面临着第三次工业革命浪潮的考验，下一步发展面临隐忧。

一是城镇定位制约可持续发展。受历史客观因素的影响，乐从过去的定位是小城镇，其规划与建设都是按小城镇的规模与形态来推进，滞后的规划、有限的基础设施和供给不足的社会服务已经无法满足迅猛膨胀的商贸经济带来的庞大人流、物流与信息流的需求。以居住环境为例，乐从的居住水平较为落后，居民多住在自家起的自建房里，没有景观环境，也没有保安系统，一直停留在小城镇的一般水平。

二是产业发展遭受外部环境挑战。在全球经济不断下滑、区域竞争不断加剧、产能过剩矛盾不断突出、生产成本逐步上升的大背景下，乐从的传统产业，特别是三大市场产业，面临着竞争力、发展力、品牌力的严峻挑战，加上乐从镇内土地资源日益紧张，土地租金不断上涨，整体限制了优势产业的进一步扩张，不断压缩第二、第三产业向上发展的空间，导致乐从产业的发展存在外部环境不景气和收窄问题。

三是产业链过短削弱产品附加值。乐从传统产业的产业链过短，市场的行为以简单的“买”和“卖”为主，上下游产业能力薄弱。以乐从支柱产业家具业为例，与年销售额超过300亿元的家具成品商贸相比，乐从家具材料销售额约60亿元，显示家具产业链上游十分薄弱，家具产业链下游的物流业、加工业和服务业等不发达。家具设计、个性化定制和专业物流配送等是乐从家具业的短板。

四是产业低端化竞争影响良性发展。乐从三大产业企业，尤其在家具行业和塑料行业，生产和销售环节存在拉客、恶意压价等低端化竞争，严重影响乐从“中国家具商贸之都”、“中国钢铁专业市场示范区”、“中国塑料商贸之都”的形象、信誉和健康发展。

五是政府服务方式未能与时俱进。随着经济社会加速发展，公民权利意识高涨，公共服务需求强烈，社会矛盾和冲突不断增加，传统的维稳和管理思维面临挑战，政府不能再大包大揽统管一切，需要更加注重尊重公民权利，厘清自身职责，转变服务方式。

三、措施

乐从镇结合经济社会发展遇到的问题，在推进智慧城镇建设的整体思路上可简要概括为：在坚持"统筹规划分步实施、民生优先重点突出和资源共享业务协同"的原则下，完成两个规划（智慧乐从建设顶层规划与乐从镇城市总体规划）高度融合，建设两个体系（智慧化的乐从城镇管理体系与建设体系），坚持一个模式（政府引导、企业参与、政企联动、市场化运作），重点打造一个基地（物联网应用产业基地），以逐步实现"产业支撑城市、城市提升产业"的新型城镇化形态。具体措施主要有以下几方面：

（一）积极探索社会管理模式创新，努力实现政府智慧化管理

进一步转变政府的社会管理和社会服务职能，把不该由政府管理的、政府管理不好的事务剥离出去，交给民间的各类社会组织团体去做，充分发挥各类社会组织团体作用，实现"精兵简政"。

发挥社会组织专业优势。智慧城市建设是一项涵盖行业面广、专业知识要求高、持续时间长的系统工程。为切实有效地推进智慧乐从建设，乐从镇政府从实际出发，创新思维，借鉴先进地区经验，成立非营利机构，负责智慧乐从项目的统筹规划、立项、招标、监理与验收等工作。2012年9月，乐从智慧城镇发展中心（以下简称"发展中心"）以公开招投标的方式成立。发展中心承载着打造"国家级智慧城镇试点示范"的重大使命，坚持以"智慧应用引导城市升级、智慧城镇与智慧产业融合发展"的双轮驱动战略，走政、产、学、研、用相结合的发展道路，充分发挥社会组织的专业推动作用。通过整合优势科研机构、专家力量、解决方案等，严把项目准入、考核和验收关，实现从规划、建设到运行维护等一整套业务流程的规范化管理，为乐从城镇建设创新管理提供强有力支撑。

事权统一形成管理规范。乐从早期信息化建设采用部门自行牵头建设形式，信息不能互联互通、重复建设等现象严重，在造成资金浪费的同时，制约了经济社会的高速发展。乐从镇通过实施《乐从镇信息科技发展专项资金管理暂行办法》(乐府办发〔2012〕

40号)和《乐从镇促进物联网应用产业发展暂行办法》（乐府办发〔2012〕67号）等政策，设立物联网产业和智慧城镇建设资金统一出口，会同发展中心对项目进行统一调研规划、统一监督管理，实现智慧乐从建设财权与事权的高度统一。同时，发展中心通过出台一系列智慧乐从项目管理制度，构建智慧乐从项目管理体系。针对政府采购类项目制定《智慧乐从建设政府采购类项目工作流程》，编写《智慧乐从建设项目管理手册》，明确规定项目必须按照需求调研期、项目立项期、项目招标期、项目启动期、项目实施期、项目验收期和项目服务期七个阶段进行精细管理，从而实现智慧乐从建设项目科学、规范、有序、高效进行。

推进公共信息管理平台建设。智慧乐从公共信息管理平台定位于智慧城镇的App store，为智慧乐从已上线和拟上线业务系统提供基础资源服务、资源目录服务、基础数据库服务(基于已经构建的基础数据库)、数据交互服务、数据分析服务、应用支撑服务、安全服务、运维服务、运营服务等内容，符合《智慧城市公共信息平台建设指南（试行）》等相关技术标准。目前该系统已经完成与智慧乐从的内河涌监控、校园物联网、家具产品溯源、家具商城导购、智慧电梯等系统的对接，拟与在建的智慧社区、智慧医疗等项目完成进一步对接。开展智慧乐从公共信息管理平台建设可有效提升对公众的社会服务水平，进而产生良好的社会效益和经济效益。

（二）以产业链为抓手，以发展总部经济为核心，促进产业转型升级

坚持以产业链为抓手，通过“增、拉、强、补、护”等措施在产业链各环节下苦功，开创“传统产业提升、新兴产业集聚与城市化进程统筹发展”的新局面。一是“增链”，通过推动物联网产业集群化发展，形成新的产业链；二是“拉链”，通过发展家具设计等创意经济、电子商务，鼓励电子交易平台自创品牌，支持三大行业龙头企业发展“全程全网”工程，拉长原有产业链；三是“强链”，通过淘汰落后产能，建设新的集约园区，提升产业链低端环节；四是“补链”，通过建设和发展家具物流基地，弥补产业链缺口；五是“护链”，理清政府与市场的关系，加强诚信建设，为产业发展营造良好市场环境。

坚持以总部经济为核心，致力发挥钢铁贸易总部、家具设计总部以及电子商务企业、物联网企业总部经济效应，推动产城双转型。一是升级广东乐从钢铁世界。通过“换巢升级”，乐从钢铁世界项目将建成中国规模最庞大、功能最齐全、技术最先进、管理最完善的钢铁贸易、加工、仓储、物流配送及信息交流平台，为全球钢铁生产加工

企业、经销商与用户提供全方位“一站式”服务，加速乐从钢铁市场从全国最大的钢铁贸易集散中心走向总部集群，以打造中国钢铁专业市场示范航母、国际钢铁采购中心、世界钢铁第一市场。二是建设家居总部大厦。全力建设集家具研发、创意设计、展示中心、采购物流、私家收藏、家居体验酒店六位一体的罗浮宫国际家居总部大厦，该座大厦将成为中国家居面向世界的商务中枢、中国家居转型升级的引擎、中国家居亚洲总部，也为广东破解专业镇转型升级提供示范性的样本。三是打造电商平台。鼓励协助企业打造电商平台，将信息技术融入传统产业，实现以智能化和网络化促使其向现代产业改造升级。2010年乐从政府出台《乐从镇促进电子商务产业发展政策》和相关措施，计划每年拿出1000万元电子商务发展专项资金，用于电子商务产业发展和开展电子商务产学研项目研究和推广，促进科技创新和信息化发展。四是打造物联网产业应用基地。2011年广东省物联网应用产业基地和广东省华南物联网应用研究院选址乐从。为实现物联网产业的健康快速发展，深入贯彻“政府引导、企业主导、政企联动”的模式，通过搭建物联天下产业园和高新企业孵化器两大平台，推动新兴信息产业发展与现代城市管理建设有机融合。

（三）坚持以人为本，提升城市品质，营造宜居宜业的城市氛围

产业转型升级不能因追求发挥最大工业效率而忽视人的感受。乐从真正认识到了这一点，在智慧城市建设顶层规划中明确了“宜居、和谐、幸福，市民生活品质得到明显提升”的建设愿景和从人的需求出发实现产业和城市高度融合发展的根本价值取向。

以基础设施、医疗卫生、教育安全等方面为着力点，通过智慧民生和智慧政务的建设，体现十八大关于智慧城市建设和新型城镇化的“集约、智能、绿色、低碳”八字方针，加快实现智慧城市经济上健康合理可持续、生活上和谐安全更舒适、管理上科技智能信息化的内涵。

四、成效

通过探索和总结，乐从不断朝着构建“产业高端、环境友好、功能完善、资源节约、社会和谐”的智慧城镇迈进，在体制改革、产业、民生、政务等方面均取得良好进展，并逐步形成一个“自我补充、自我调整、有序发展”的“智慧城镇”建设与运营生态圈。取得以下几点成效：

（一）创新智慧城镇建设模式，推进社会体制改革

乐从政府通过职能外包方式，委托民办非企业单位（乐从智慧城镇发展中心）协助政府统筹推进智慧城市建设，吸纳社会力量参与智慧城镇建设和运营，提高乐从智慧城镇建设的效率，避免智慧城镇建设中专业技术力量不足的问题，充分发挥财政资金的作用，加快社会管理方式转变过程，逐步实现“小政府、大社会、好市场”的目标。

首先，根据智慧城市建设项目需要，发展中心组建了涵盖智慧城市建设各领域的专家委员会，通过专家评审会对项目的可行性、现实意义和效益、建设方式、建设结果给予专业指导和考核。截至2013年底，专家委员会已涵盖国家级、省级、市级约40多位不同行业的专家。针对项目的开展和验收，发展中心共组织举办8次专家评审会，并初步形成项目的事前评估、事中监督和事后评价机制。

其次，发展中心组建了专业的项目管理队伍，按照住房和城乡建设部建筑节能与科技司、广东省住房城乡建设厅和佛山市顺德区乐从镇人民政府签订的《国家智慧城市创建任务书》要求，在乐从经济和科技促进局的指导下，发展中心坚持“事权统一”原则，围绕“一个平台、一个中心、四个领域”，完成了智慧乐从建设总体架构设置，协助智慧乐从公共信息平台建设，优化顶层设计。同时，建立健全智慧乐从项目管理制度，完善事前评估、事后评价机制，构建资金、政策、运营管理支撑保障体系，有效避免系统建设后台标准不统一、前端采集标准混乱、重复建设等问题。

最后，在推进智慧政务、智慧产业、智慧民生等建设方面，项目进展情况良好。目前，发展中心已规划验收了包括乐从镇智能市场安监巡检和数据分析系统建设项目、电梯监控管理平台建设项目、内河涌智能监控系统建设项目和校园物联网（校园安全）系统建设项目、无线局域网服务采购项目和乐从移动应用服务平台建设项目等6个政府采购类项目，同时，乐从镇智慧医疗与保健项目一期系统建设、智慧社区试点项目系统建设、家具物联网、建筑节能改造（能源管控）等一批项目已在稳步推进。

（二）践行产城融合理念，全民共享智慧成果

一是提升产业竞争力，总部经济效果初显。通过大力推动传统产业和物联网等战略性新兴产业的有机结合，助力智慧城市发展，提升产业层次和竞争力，为推进乐从新型城镇化建设奠定坚实的产业基础。

在实现物联网产业聚集上，广东物联网产业应用基地落户广东物联天下产业园，通过筑巢引凤，为实现产业集聚提供了良好条件。物联天下产业园规划超过1000亩，将实

施分期开发。28亩的物联网产业示范园区已于2012年开园，通过引入韩国三星数据、软通动力等80多家科技企业建设物联网应用示范项目，实现部分产业基地的服务功能。规划1000亩核心区以及龙头配套企业，承载物联网技术研发、应用、创业企业以及产业基地的服务功能。目前，第一期125亩已开工建设。2013年5月，由北京航空航天大学投资的佛山市顺德区天汇创业投资有限公司注册成立，联合乐从镇政府、广东物联天下科技集团有限公司三方计划共建面积约10000平方米的高新企业孵化器，目标利用三年时间将园区孵化器打造成国家级孵化器，孵化企业55家。目前已有23家企业申请注册，预计入驻企业总注册资金11120万元。

在促进产业升级上，总部经济效应成效初显，电子商务建设效果显著。乐从钢铁世界重新选址，紧挨佛山重要交通枢纽，首期规划约3000亩（约200万m^2），总投资超100亿元。投入55亿元的前期规划建设已完成，并于2013年底完成了超过900家企业的搬迁工作。由广东罗浮宫家居集团投资16亿元全力打造的罗浮宫国际家居总部大厦楼高236米，43层，是目前佛山第一高楼，也是当前全球最高、面积最大的家居主题展览中心。每年到访罗浮宫的游客和买家来自100多个国家和地区。罗浮宫通过总部大厦的建设，不断拉动和引领乐从家具产业向集约化、国际化跃进，逐步从“中国的家具商贸之都”升级为“世界家具设计之都”，成为世界家居创意产业的“东方米兰城”。

在电子商务方面，乐从大力鼓励和推动家具业、塑料业和钢铁业发展电子商务。目前，“欧浦钢网”、“乐百购（中国家居全球批发网）”、“家具世界”等一批电商交易平台已经上线使用。其中，广东欧浦钢铁物流股份有限公司承担的“物联式钢铁仓库互联商务平台应用示范”项目获得广东省战略性新兴产业发展专项资金资助1500万元。2012年，“欧浦钢网”实现营业收入4.8亿元，主营业务增长超过30%；乐从家具电子商务平台“乐百购（中国家居全球批发网）”发展迅猛，行业影响力不断增强。2013年全镇电子商务营业收入约81亿元，占三大专业市场销售总额10.9%。另外，2012年初，乐从启动了“广东省家具行业价格指数平台”，旨在为企业、行业、政府掌握市场动态提供信息服务，是乐从智慧引领传统产业升级的重要举措。

二是提升居民生活品质，推进智慧民生发展。改善生活环境、提升生活品质，是实现产城融合不可缺少的部分。智慧菜篮子、北岸美庐智慧社区试点的建设，利用物联网技术，打破了“楼上、楼下、电灯、电话”的传统观念，营造了良好生活环境，提供了更方便、更快捷的现代生活方式，让居民享受了“科技改变生活”的成果。以突出环境质量和人文氛围的“美乐计划”纵深推进，成效渐显，2013年全年已投入资金4800万元，首批9个“一村一品”项目方案完成设计，实现城区、村居保洁全面专业化，省卫生村100%覆盖，2013年连续三季度位居顺德区“美城行动”榜首。城乡环境得到大幅改善，极大提升了居民幸福指数，推进了智慧民生事业的发展。

三是保障公众的知情权，强化智慧政务建设。为了扩展公众参政议政的渠道，进一步保障公众的知情权和监督权，乐从积极加强政务公开建设，力抓智慧政务工程。“见识乐从”移动应用服务平台建设，通过建立“印象乐从”、“乐从新闻”、“便民服务”、“品质生活”和“阳光政务”等板块，实现同步抓取政务网站公开信息，实时发布和更新乐从发展动态。公众可以实时了解乐从镇的最新动态和政务工作情况，增强政府部门的政务公开意识，进一步拓宽政务公开的深度和广度，健全政务公开的方式，加深政府和公众的交流，有效避免社会小道消息影响社会判断力的问题。

四是提升政务管理水平，促进政府创新管理。为提高政府管理水平和服务能力，乐从充分利用现代信息技术改造传统的政府管理方式，创新管理，建设“智慧政府”。智能市场安监巡检和数据分析系统建设，建立智能化处理事务的安全综合监管平台和巡检分析系统，简化市场监管部门日常巡检流程，原来需要两个工作日解决的上报审批等工作，现在几个小时就可全部完成，提高巡检工作效率和工作质量，实现镇辖区经营企业信息数字化分级共享，减少纸质存档成本和人员管理成本。内河涌智能监控系统建设，建立了水利与气象部门的联动机制，结合气象信息预测分析系统，实现内河涌基础数据和信息的实时监控和智能化预警，改变原来靠经验管理的落后面貌，加快水利部门的应急处理速度。通过智能市场安监巡检和数据分析系统和内河涌智能监控系统的建设，大大降低政府管理成本，提升政府相关部门的政务水平，提高管理效能和应急处理水平，实现决策更加科学化。

五是保障公众的人身安全权，促进社会和谐稳定。本着对人民生命安全高度负责的精神和以人为本的原则，乐从在智慧城市建设中融入“平安乐从”理念，努力从源头上预防和减少对人民生命安全产生损害的事件，实现社会和谐稳定。通过电梯智能监管系统、校园物联网（校园安全）系统、“乡情驿站”工作室和“安全文明出租屋”建设，提高全民安全意识，促进公共安全和应急体系的建立健全，保障公众的人身安全，增强公众的安全感。电梯智能监管系统的建设，有效提高电梯安全信息化管理水平，有助于建立电梯乃至特种机电设备安全的应急反应系统。现乐从镇内已有500部电梯（含商用、民用）纳入监管系统，有效降低电梯故障发生率75%以上，缩短电梯故障处理时限，关人解救由30分钟降低至10分钟。乐从小学、乐从中学、东平小学等3所学校通过校园物联网（校园安全）项目的安全监管系统实现了对4台校车、含配电房、教学楼顶等在内的7个校园危险区域的实时安全监管，范围覆盖7000多名中小学生，确保了学生的生命安全，减少了学生伤害事故的发生。针对乐从流动人口较多、难于管理的现状，以盈翠园为试点，开展 “乡情驿站”工作室和“安全文明出租屋”建设，有效整合了出租屋业主、二手房东、厂企宿舍管理员等社会管理资源，把出租屋业主自管责任、属地村居委管理责任、部门主管责任融为一个有机整体，构建从出租屋入手的综合治理机制，形成庞大的群防群治网络，构建和谐、平安生活氛围。

六是优化资源配置，加速公共服务均等化进程。通过智慧医疗与保健项目和校园物联网（校园安全）系统的建设，优化资源配置，加速乐从医疗卫生和教育资源公共服务均等化进程。正在建设的乐从镇智慧医疗与保健项目一期系统建设是以乐从社区卫生服务中心为承载对象，全面覆盖乐从24个村（居），通过整合和优化医疗卫生资源，提高社区医生的医疗水平，初步缓解医院压力，增强群众对社区医疗卫生的信任，促进公共卫生服务、医疗服务和医疗保障服务的模式创新，并将通过实现全镇服务资源信息、患者医疗信息、居民健康信息、基本医疗保险信息、基本药物供应保障信息以及政府综合卫生管理信息共享，实现全区医疗卫生服务资源共享和区域资源规划协调发展。目前，乐从实现老年人健康建档率达100%。

通过校园物联网（校园安全）项目的智慧教育系统建设，搭建教学、测试及管理平台，有机地将讲课、提问、测验、评分、教学分析和教学评估组合在一起，提高学校的教学质量和教务管理水平，优化教学资源配置。另外，通过信息发布和信息查询功能，家长可以更便捷地了解学校和学生相关信息，加强家长和老师之间的沟通，推动家庭与学校的互通协作，更有利于对学生的协同教育。

七是促进城市节能减排，实现绿色发展。按照“集约、智能、绿色、低碳”的指导方针和国务院《“十二五”节能环保产业发展规划》要求，乐从加大推进节能减耗工作，在积极推广LED照明的同时，鼓励采用合同能源管理的形式，开展建筑节能改造工作。目前已开展节能改造的财神酒店、乐从医院、红星美凯龙家居卖场等试点均已实现20%以上的节能效果，响应《国家新型城镇化规划(2014～2020年)》提出的“加快既有建筑节能改造”的号召，为进一步推广城市节能减排树立了良好典范。

八是深化股份社体制改革，推进农村综合改革。为进一步深化股份社体制改革，解决农村综合改革中遇到的问题，乐从积极探索农村资产阳光化管理模式，在尊重村居意愿的基础上，通过建设农村集体资产交易管理平台，将农村集体建设用地、农用地、物业等集体资产纳入平台进行公开交易，规范农村集体资产的管理和交易，拓宽农村集体资产的运营空间，实现资产高效增值。2013年，农村集体资产交易管理平台的交易额超过3亿元。同时通过资产的交易信息在网上同步发布，群众可上网查阅，清楚了解资产交易的具体情况，实现阳光公开，有利于从源头上遏制农村基层腐败现象。通过将资产的交易、管理两大环节管起来，做到全方位、不留死角的监督，实行规范化管理，促进农村集体资产保值增值，贯彻顺德区农村综合改革部署，对建设和谐农村有着重要意义。

五、经验

（一）因地制宜，创新智慧城镇建设模式

在推进智慧城镇建设过程中，走在中国“大部制”改革前沿的乐从镇没有和大部分地区一样，将智慧城镇建设工作交由某一政府临时机构或事业单位进行，而是借顺德区“三大改革”的契机，结合自身特点，创新性地将智慧城镇项目建设和管理通过服务外包的方式委托社会组织实施。

同时，乐从坚持“政府引导，企业参与，政企联动，市场化运作”的发展模式，为提高资源优化配置，有效撬动更多社会资金参与智慧乐从建设，探索政府与企业的双赢模式，特别将智慧建设项目细分成政府采购类、竞争性分配类和市场主导类，有效提高财政资金使用效益。

（二）量体裁衣，紧抓“产城融合”落脚点

智慧城市是一个涵盖极广的建设系统，有限的财政资源不能满足无限的建设需求，乐从镇量体裁衣，依托本地的三大传统优势产业，进一步向上下游延伸，勾勒出一条涵盖设计、制造以及营销各个环节的高附加值产业链条；在积极探索发展战略性新兴产业时，没有生拉硬套，而是坚持以原有产业为基石，注重传统产业与物联网产业的有机结合，发挥“广东省物联网应用产业基地”的发展优势，将物联网、云计算等信息技术应用到经济社会发展的各个领域，以不断提升产城融合成熟度，有效避免重复建设、资源浪费和见效缓慢等问题。

“智慧乐从”建设是基于乐从自身实际，顺应中国新型城镇化发展态势和世界城市发展潮流的必然选择。乐从决心继续以智慧城市建设为有力抓手，实现小城镇产城融合

的跨越式发展，继续着力传统与现代相融合，努力向高端精品城市发展，通过一体化指挥中心、智慧交通、环保和居家养老等建设，全面深入开展智慧城市创建工作，为人民创造“发展更科学，管理更高效，社会更和谐，生活更美好”的“智慧乐从”。

佛山市顺德区委书记：梁维东

佛山新城管委会主任：赵海

佛山市顺德区乐从镇党委书记：麦连桐

佛山市顺德区乐从镇镇长：谢顺辉

智慧城市创建工作行政责任人：麦俊棉　乐从镇副镇长

智慧城市实施管理办公室：乐从镇经济和科技促进局和智慧城镇发展中心

点评

点评人：曾澜（研究员　国家发展改革委员会宏观经济研究院）

“智慧乐从”作为国家智慧城市试点城镇，是我国东部沿海地区、大城市周边重镇，通过物联网等新一代信息技术的创新应用，促进传统产业升级和城市转型发展，实现小城镇产城融合跨越发展的典型。通过一年来的实践，在促进新型城市发展的应用体系、智慧城市试点推进的工程体系和重点项目的技术体系建设方面都积累了宝贵的经验，成果初步显现。

结合城市发展的实际做好顶层设计。明确“智慧乐从”的目标和重点，提出“产业支撑城市、城市提升产业”的产城互融思路，力推以物联网技术应用为切入点的“智慧乐从”建设路径，制定规划和2211计划，制定6大工程40多个项目。

贯彻政府引导、企业主导、政企联动的模式，充分发挥市场配置资源的决定性作用。将智慧城镇项目建设和管理通过服务外包的方式委托乐从智慧城镇发展中心执行，出台《智慧乐从建设项目管理手册》，并特别针对政府采购类项目制定了《智慧乐从建设政府采购类项目工作流程》，保证试点有序进行；调动企业和公众广泛参与“智慧乐从”建设；搭建物联天下产业园、高新企业孵化器两个平台，集聚创新要素，提升技术创新能力和国际竞争力。

抓住镇（乐从）城（佛山新城）融合的机遇，抢占战略性新兴产业的制高点。发挥区位和特色产业优势，打造物联网产业应用基地，率先布局物联网应用产业，打造全国首个物联网应用城镇；推动家具业、塑料业和钢铁业发展电子商务，全面提高开放水平和经济效益。目前“欧浦钢网”、“乐百购（中国家居全球批发网）”、“家具世界”的等一批电商交易平台已经上线使用，2013年全镇电子商务营业收入约81亿元，占三大专业市场销售总额10.9%，实现了电子商务的跨越发展。

坚持高质量创新发展：按国家第四代园区标准建设物联网产业园区，开展高水平的招商工作。

促进政府信息资源共享和政务协同服务。智能市场安监巡检和数据分析系统、内河涌智能监控系统投入使用，提高了管理效能和应急处理水平。建立了水利与气象等部门的联动机制，实现了内河涌基础数据和信息的实时监控和智能化预警。

促进了公共安全监管精细化。优先部署事关公共安全的电梯智能监管系统、校园物联网（校园安全）系统、“乡情驿站”工作室和“安全文明出租屋”，现已有500部电梯（含商用、民用）纳入监管系统，降低电梯故障发生率75%以上，降低电梯故障处理时限，关人解救由30分钟降低至10分钟。乐从小学、乐从中学、东平小学等3所学校通过校园物联网（校园安全）系统实现了对4台校车、含配电房、教学楼顶等在内的7个校园危险区域的实时安全监管，覆盖7000多名中小学生，确保了学生的人身安全，避免和减少了学生伤害事故的发生。

促进基本公共服务均等化。智慧医疗与保健项目和校园物联网（校园安全）系统启动实施，正在建设的乐从镇智慧医疗与保健项目一期系统以乐从社区卫生服务中心为承载对象，全面覆盖乐从24个村（居），实现老年人健康建档率达100%，促进了公共卫生服务、医疗服务和医疗保障服务的模式创新和资源共享；校园物联网（校园安全）系统建设将搭建教学、测试及管理平台，有机地将讲课、提问、测验、评分、教学分析和教学评估组合在一起，提高了学校的教务管理的水平。

“智慧乐从”的经验对于推动小城镇的试点具有典型示范作用，对于大城市周边重点镇的智慧城市创建具有很强的借鉴意义。在坚持一切从实际出发，即“一城一策、智慧发展”的原则，以人为本、四化同步、创新引领、产城融合、资源配置和智慧城市建设筹融资机制体制创新等方面具有普遍示范意义；在通过技术与体制创新实现产城融合促进产业升级和城市转型，促进战略性新兴产业发展方面的经验内涵深远。创建工作才刚刚展开，期望在实践中不断开创新局面。

政府引导　市场主导　开启新城智慧发展之路

——长沙大河西先导区创建智慧城市探索实践

【摘要】2008年，长沙提出了建设大河西先导区的战略构想，并以全新的理念成立长沙先导投资控股有限公司（以下简称“先导控股”）作为先导区城市资源综合运营商，探索智慧推进新型城镇化建设路径。5年来，先导区通过完善投融资机制，由先导控股搭建城市建设运营、两型产业投资、金融控股和资本运作三大平台，示范带动，走出了一条由政府引导、企业市场化运作、以市场为配置资源的决定性因素开启新城智慧开发建设运营之路。新型城镇化是一个无比复杂的大系统，是社会、经济、政治、文化、生态等各个系统的承载体，必须智慧地推进。为提升长沙的产业支撑力、要素转化力、市场竞争力和区域带动力，促进经济转型升级和社会和谐进步，长沙市委、市政府设立长沙大河西先导区，组建先导控股，以体制机制创新为保障，通过改革释放城镇化发展潜力，通过改革优势、功能优势、区位优势、科教优势和资源优势的叠加聚变，走出一条智慧发展的新路。2013年洋湖生态新城和滨江商务新城成功获批全国智慧城市创建试点。

一、背景和问题

改革开放特别是近些年来，长沙进入了经济社会快速发展的时期，经济总量已由“位居中游”跨入“全国十强”。但与此同时，一些发展中的深层次问题日益凸显，城市化的水平亟待提升，而“城市病”的困扰初见端倪，长沙大建设、大发展、大提升需要新的空间，而资源环境和体制机制的制约却已绷得很紧。

2007年长株潭获批两型社会综合配套改革实验区，长沙迎来了发展的新机遇。城市的生长是有其内在规律的，需要依托老城区的辐射，有一定的产业、文化发展基础和生态承载能力。在这样的一个历史背景和改革框架下，通过反复比较论证，长沙把眼光投向了与老城区一江之隔的湘江西岸，把探索配套改革路径与拉开城市骨架、提升城市能级、提高城市品质有机结合考虑，选择将环境容量大、生态条件好、聚集辐射能力强、科教人才资源丰富、承载功能强的大河西作为两型社会建设的核心示范区，既为探索“两型社会”建设路径提供广阔平台，又有利于促进“一江两岸、东提西拓”的空间优化和功能提升，进而实现以城市品质主导城市发展的方向。

2008年6月，长沙提出建设大河西先导区的战略构想，先导区作为长株潭“两型社会”建设的先导区、起步区，承担“为科学发展探索新路径、为湖南经济增添新动力、为长沙城市构建新格局”的历史使命。按照长沙市委、市政府“沿江建设，东提西拓”的城市发展战略，长沙将以湘江景观轴为城市中庭，重点沿湘江建设，打破原来西文东市的城市功能布局，跳出老城区，打造大河西，把先导区建设成为未来新长沙。

先导区规划区面积1200平方公里，包括岳麓区、高新区全境约550平方公里，望城区湘江以西部分区域约500平方公里，宁乡县沩水河以东部分区域约150平方公里。其中核心区面积570平方公里，包括岳麓区、高新区和望城区部分区域。

先导区建设的目标是：到2016年建设成为生态之城、文化之城、繁荣之城、创新之城，推动长沙率先实现“六个走在前列”（加快转型创新发展中走在前列，在城市规划、建设和管理中走在前列，在加快两型社会建设中走在前列，在共建共享全面小康中走在前列，在维护社会和谐稳定中走在前列，在提高党的建设科学化水平中走在前列）；到2020年建设成为“两型社会”综合配套改革的示范区、高新产业的聚集区、城乡统筹的样板区、生态宜居的新城区和支撑发展的增长极，建成总面积200平方公里、常住人口150万、地区生产总值达3000亿元的新城区。

通过5年的努力，先导区共实现地区生产总值5300亿元、固定资产投资4000亿元、财政总收入850亿元、高新技术产业产值4900亿元、新增城区面积50平方公里，各项经济指标平均增速超过25%，占全市同期的35%、全省的10%以上。其中，2013年先导区实际完成财政总收入250亿元，相对于成立之初的2007年不足5亿元，同口径增长50倍，可变现的优质资产总额从零达到680亿元。

二、措施和成效

（一）精确定位、科学规划

一是确定发展区域。在推进1200平方公里规划区范围内生态环境及交通基础建设的同时，不分散财力，将先期开发重点集中在以岳麓山为中心的100平方公里范围内，依托湘江和河西老城区规划建设了19.8平方公里的洋湖生态新城、6.7平方公里的滨江商务新城和14平方公里的梅溪湖国际新城一期。

二是科学规划。率先在全国按照“反规划”理念，编制实施城乡规划、土地利用规划、生态文明建设规划、经济社会发展规划，实现“多规合一”。在总体规划上，以生态城市和紧凑城市为规划理念，确定紧凑型组团式发展模式。按照公共交通为主导、市政基础设施与生态基础设施建设优先发展的原则，城市建设用地因地制宜地采用紧凑型、组团式、城乡空间融合的布局形态，明确优先开发、重点开发、限制开发、禁止开发区域。在片区规划上，既注重因地制宜，又注重功能互补，形成各具特色而互补性强的片区开发规划。如现在已经启动的片区中，滨江新城片区规划为金融商务区，洋湖片区规划为总部经济区和生态宜居社区。

三是阶段实施。先导区新城建设开发以8年为期，分三个阶段推进。第一阶段从2008年开始，主要任务是规划和征地拆迁，创造了一年拆迁1万亩的奇迹；第二阶段从2009年开始，主要任务是以道路框架为主体的基础设施建设和环境景观建设，规划的“六纵八横”城市主干道路两年内全部铺开建设，用3年时间全部建成，以道路为载体，先导区地下管网一次性高标准到位，全部实现雨污分流；第三阶段从2011年开始，主要任务是引领性项目建设和引进社会投资进行住宅、商业设施建设，培育一批高端产业。目前，洋湖、滨江等先导区核心片区第一、第二阶段的主要任务已基本完成，各种业态投资开始进驻片区。

（二）搭建平台，市场运作

2008年长沙市政府出资100亿元组建先导控股，作为先导区的城市资源综合运营商。先导控股按照“政府引导、企业市场运作”原则，大力实施“一体两翼”（以“两型”产业发展为主体，以城市建设运营和金融控股平台建设为两翼）发展战略，突破政府投融资平台过于依靠政府投资、过度依赖财政资金的发展瓶颈，走出一条有特色、可持续、多元化发展新路。

一是搭建城市建设平台，促进资源开发与城市建设高效融合。5年来，先导控股围绕一级土地开发、基础设施建设两大主营业务，以城市公共资源配套开发为延伸，正式进军加油站、CNG加气站等城市资源运营，进入房地产开发领域，初步形成一二级联动的完整房地产产业链，逐步实现土地效益最大化、城市建设品质化、资源开发项目化，聚集了一批优质资产。5年来，先导控股大力推进“三片（滨江商务新城、洋湖生态新城和湘江新城）一岛（月亮岛文化旅游岛）一枢纽（河西综合交通枢纽）”建设，投资近400亿元建设重点项目113个，已建成重点项目45个。同时，稳定推进城市资源运营，获得第一批12个加油站点的经营许可，合作成立新能源公司运营CNG加气站项目，实施公交中途站项目，开展片区公用停车场资源运营。

二是搭建产业发展平台，促进资产增值与产业升级互惠共赢。先导控股负责开发的滨江新城、洋湖片区已形成金融商务集群和总部经济集群。两个片区共引进各类高端产业服务项目总建筑面积780万平方米，已开工面积495万平方米，其中引进的民生银行、浦发银行、广发银行、鼎衡大厦等金融项目；奥克斯、渔人码头、楷林商务等商业项目，湖南农信社、全国农信社国家级金融数据灾备中心等总部经济项目全面开工建设。同时，先导控股从自身实际出发，培育了交通、绿色建筑、文化旅游等产业。总建筑面积31.5万平方米、总投资约30亿元的河西综合交通枢纽工程为湖南省首个综合枢纽工程，它集地铁、长短途客运、城市公交、出租车、社会车辆等多种交通功能及写字楼、购物中心、商业等商业功能于一体，2014年全面完成建设；依托2.7平方公里的月亮岛文化旅游岛和6000亩的国家4A级旅游景区—洋湖湿地景区，建设湘江旅游“黄金西岸”，打造长沙新的旅游目的地；大力推广使用绿色环保技术，建设的恒伟·西雅韵项目为长沙房产市场首个国家三星级绿色住宅；按照建筑设计标准化、部品部件规模化、建筑施工装配化、装修一体化、建筑管理信息化的要求践行住宅产业化，在片区展示中心、洋湖保障房、商务中心、先导总部经济大楼等项目上运用先进、成熟的装配式住宅结构体系，完成或启动面积超过100万平方米，今后将继续在片区内推广该项技术，探索绿色、智能建筑与住宅产业化的协同发展。此外，以“基金+直投”方式成功投资省级农业龙头企业、高新技术产业，以及一批基金项目，累计投资金额17亿多元，部分已正式挂牌上市。产业投资初步实现了产业促进与投资创收的双赢目标，为智慧城市创建过程中引入和培育相关产业奠定了基础。

三是搭建金融控股平台，促进外力驱动与内生增长良性互动。首先，打通融资渠道。5年来，先导控股累计实现融资400多亿元，且融资周期结构合理，5年期及以上的中长期融资占到36.57%，综合融资成本约为6.73%，保障了（智慧）城市建设、产业投资等各项业务的开展。在多元融资方面，实现了向“直接融资为主，间接融资为辅”的融资方式转型，共实现直接融资118亿元，2013年直接融资比例占到全年融资额的70%。在创新融资方面，发行的40亿元洋湖垸股权信托产品，创下全省信托产品单笔金额之最；成功发行18亿元企业债券；发行的5年期、20亿元中期票据，成为湖南首家成功发行中票的城投类企业；开展的6.5亿元、5年期管网融资租赁业务以道路管网为租赁标的，有效节约了公司的项目资源和抵押物资源。在战略融资方面，先导控股成立之初，成功获得各大银行上百亿元的授信。2008年以来，又陆续与各大银行签订战略合作协议，为洋湖、滨江智慧城市创建打下了坚实基础。2013年11月，先导控股与国开金融股权投资基金合作，其以投贷结合的方式入股湘江新城并提供25亿元低成本信贷资金参与湘江新城片区的开发建设，开创了股权融资与债权融资互动的良好格局，是土地一级开发模式的一个重要创新。其次，布局金融产业。积极争取省、市政府的支持，成功投资一批金融机构，积极参与湖南省首个保险机构的发起设立，初步进入银行、证券、保险联动等金融产业，为公司打造金融控股平台奠定坚实基础。再有，积极开展借壳上市。先导控股正积极开展借壳上市等资本运作，为未来融资打下坚实基础。

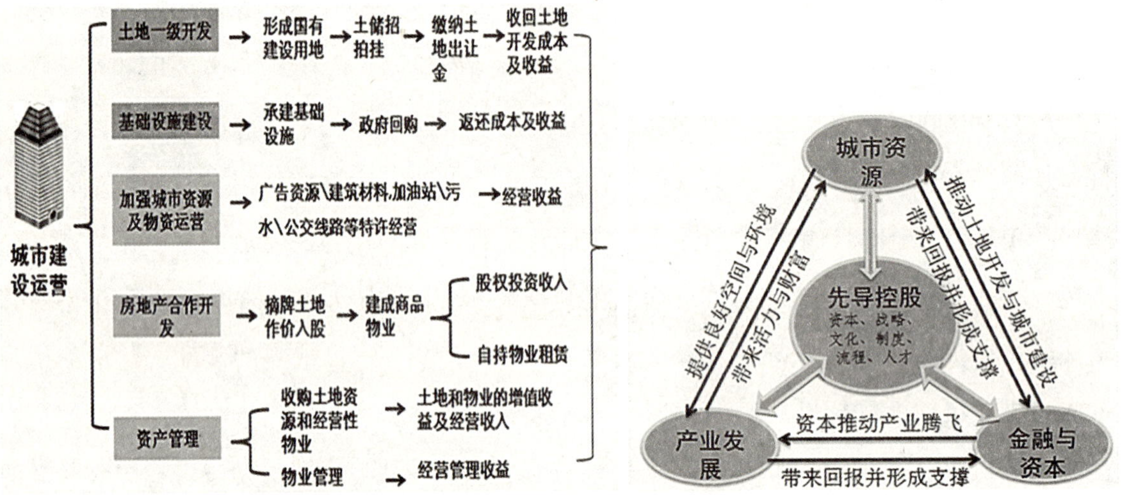

先导控股产业、金融与城市建设运营相互支撑发展的关系

5年来先导控股运行效果良好，累计实现经营收入220多亿元，上缴财税50亿元，实现利润20多亿元，储备的优质土地资产达1万亩，创造了用5年时间实现长沙同类型企业20年发展的“先导速度”。

（三）规模投入，快速推进

一是坚持集中规模投入，完善综合配套。先导区在土地一级开发中，采取了在完成拆迁、道路基础设施、生态景观工程建设和高标准教科文卫公共服务配套后再出让土地的办法。这种开发模式，一次性投入很大。洋湖生态新城、滨江商务新城一级开发的投入达到每平方公里10亿元以上，初期一次性投入已分别达到100多亿元和190亿元。土地深加工也带来了大增值，投入产出是成正比的，先导区精品土地价格从成立前平均60万元/亩，提高到600万元/亩，其中滨江商务新城土地价格由2008年的300多万元/亩上升到2013年的1500万元/亩，洋湖生态新城土地价格由2008年的100万元/亩不到上升到2013年的742万元/亩。

二是坚持快速推进，以时间换空间。先导区加快资金周转，合理调度使用资金，避免资金沉淀，在尽可能短的开发周期完成建设任务，既大大节省财务成本，又形成了良好的市场预期，保证了产出的高效率。5年来，先导区每3天新增1公里道路，每3天完成1亿元投资；462亩的农用地转用从争取用地指标到办结用地手续，仅仅8个工作日；建筑面积60万平方米的洋湖保障房项目采用绿色建筑技术，5天即完成一层楼的建设。5年来，先导区新增建成区面积50平方公里，新增城市人口50万，拉开了300平方公里城市建设区的道路框架，形成了200平方公里城市建成区、180万城市常住人口的交通、市政和公共服务承载能力。三是坚持产城融合，增强内生动力。5年来，先导区按照“区域集中、产业集聚、开发集约”的原则，规划建设了一批现代服务业集聚区，提质提升了一批工业园区，全面构筑了区域经济优势互补、主体功能定位清晰、国土空间高效利用的产业格局和平台，有效实现了园区的错位发展和优势互补，避免了重复建设和恶性竞争。5年来，先导区工业园区规划面积从2008年的86.8平方公里拓展到2013年的331平方公里，已形成先进制造、电子信息、新材料与节能环保、生物医药、现代服务业等6大产业集群，共引进建设总部经济、星级酒店、文化旅游、现代金融、高端商贸等服务业产业项目50多个，总投资600亿元。第三产业增加值2013年占全市的60%。

（四）智慧建设，着眼“两型”

智慧建设是城市建设的新理念、新手段和新形态，着眼于“资源节约型和环境友好型”，打造智慧新城。一是做好水文章。洋湖生态新城和滨江商务新城开发建设之前兼具城市泄洪功能。目前，两大新城每个小区及单体建筑都对用地范围内的雨水进行收集和入渗，从源头上减少雨水的排放，缓解市政雨水管网压力，预计通过智慧城市建设三维可视模型对地下管网进行监控，保证城市雨水安全。对于洋湖原来旱涝无常的湿地自然地貌，通过科学规划、充分利用自然生态资源，建设成中南地区最大的城市湿地和国家4A级景区——6000亩洋湖湿地公园，并将建立水质智慧监测系统，对湿地公园以及周边水域的关键性参数和指标进行监测，及时上传至公共信息平台供职能部门、科研单位以及社会各界及时了解湿地情况。同时，通过整合智能门禁、安防、园内交通、园区消费等数据平台，结合手机APP信息化手段，通过提升游客体验和管理水平来降低管理成本、提高运营效率和效益。日处理规模12万吨的洋湖再生水厂作为长沙践行雨污分流、智慧化治理污水的“两型”社会建设示范性工程，在国内首次采用“MSBR+人工湿地”工艺，实现生物治污，并能对污水处理厂水质水量等参数进行智能监控，出水作为洋湖生态湿地公园的景观用水和片区中水从而实现污水零排放，较传统工艺节省成本1/3，目前已正式开始商业运营，日处理量约4万吨/日，预计2016年可达8万吨/日，到2020年，日处理量约12万吨/日。二是做好节能环保的文章。先导区通过打造绿色低碳生态城，使新城内单体建筑100%达到绿色建筑评价标准要求，在满足建筑使用功能和舒适性的同时降低建筑能耗。通过可行性分析和经济性比较，先导控股与央企中节能公司合作，在片区建设水源热泵区域能源站项目，实现片区集中供冷供暖。根据整体规划，拟在洋湖总部经济区和滨江新城投资建设5个水源热泵集中供能能源站，该项目投入使用预计可实现配套建筑节能30%以上，目前洋湖A站和滨江B站已开工建设。将通过智慧化提升，对区域能源站进行科学合理的监测和控制，预计将建立一套远程的自动化控制系统，通过构建主机、监控软件、监控终端和自控系统，将片区内所有能源中心的设备运行状况、区域能源使用状况、水源水温度变化状况等进行集群监视和远程控制解决问题。三是做好智慧民生的文章。洋湖生态新城和滨江商务新城通过对教育、医疗等片区配套民生领域的智慧化提升，来打造高端品质新城。首先，聚集教育资源，解决上学难题。引入名校并承建区域内的学校，两大新城规划中小学26所1308个班级，每一座学校均按照绿色建筑的标准打造。目前，湖南中加学校、连山小学、洋湖中学等已经竣工或开始施工建设，长郡、雅礼等名校先后入驻，将通过构建片区优质教育资源共享平台，打造成为名副其实的优质教育密集区。其次是聚集医疗资源，解决就医问题。2014年，洋湖生态新城将投资建设一所“小综合、大专科”、股份制的三甲医院，定位于绿色、低碳、数字化医院，探索利用最先进的物联网技术，整合现有卫生信息资源、覆盖片区和长沙市卫生系统，形成信息高度集成的医疗卫生指挥、应急、管理、监督信息网络系统。最后，优化交通组织，解决出行难题。在建设中合理布置路网，规划公共交通系统和慢行系统等，从减少交通量和增加道路通行能力等多方面出发，通过智慧手段解决城市交通未来面临的问题。目前，根据新城人口分布情况已陆续开通公交线路，并设置地铁站点。2014年开始，新城将建设交通信息采集与服务系统、交通信号控制系统、智能公共交通系统、交通应急管理系统、城市慢行系统及自行车自动租赁系统等，解决居民出行难题。

三、经验

（一）在运作模式上，坚持“政府引导、企业市场化运作”

长沙市委、市政府成立先导区，在权限上遵照“授全权、负全责”的原则，授予先导区市级行政、经济管理权限和争取省级一定管理权限。市政府从2008年到2013年，每年投入先导区建设资金5亿元，并明确从2008年起10年内先导区范围内市级税收新增部分全部留存先导区。先导区建立“五统一分”运行模式，实行统分结合、共同建设的管理体制和运作模式，即统一规划制定与监管、统一改革配套与政策、统一产业布局与准入、统一土地储备与管理、统一重大基础设施布局与建设，先导区与规划区内各行政区县分区组织实施。按照“小政府、大社会、大服务”的理念，实行大部制，以市直部门“2号公章”方式行使市级行政审批权，取消、合并、精简了17项行政审批事项和环节。长沙市委将先导控股作为长沙国企的试验田，公司一成立就注入资本100亿元，按照“优势资产向优秀企业倾斜，优良资产向优良企业集中”的做法，将“三片一岛一枢纽”的土地一级开发任务、重点项目建设及加油、加气站等资源赋予公司，并从法人治理结构、市场化用人机制、薪酬管理和绩效考核改革等各个方面支持进行探索尝试，充分发挥市场配置资源的作用，有效激活企业的活力。

（二）在开发模式上，坚持“整体拆迁、板块开发”

摒弃传统的“拆一片、建一片”和“边规划、边开发”的分片开发模式，明确了“整体拆迁、板块开发”的工作思路，并邀请国际知名顾问公司对片区进行整体策划、统一设计，做到成熟一块、出让一块、开发一块。为了推进征地拆迁工作，先导区创新安置模式：取消征收土地留地安置模式，实行“两转变一纳入（农村集体土地转为国有土地、农村村民转为城镇居民、被征地农民纳入城镇社保体系）”的货币化安置模式，创新拆迁模式，实现四个转变（由零星拆迁向板块拆迁转变、由分散安置向集中安置转变、由实物补偿向货币补偿转变、由临时保障向制度保障转变）。在具体操作上，先导控股按照以上模式，在准备好征地拆迁资金的同时，即启动拆迁安置用房建房，以安置促拆迁，根据“及时补充，妥善安置”的方针，完善相关制度，建立健全防范化解征地拆迁矛盾纠纷的长效机制，做到签约即支付70%拆迁补偿款，交房即全额支付补偿款，实现和谐拆迁。同时坚持实事求是，具体问题具体分析的原则，不搞“一刀切”，并采取发展服务业，与当地街道办事处合作提供就业信息和机会等措施，及时消除拆迁户的住房、工作、生活等实际顾虑，保障百姓的权益并充分分享片区发展的成果。

（三）在开发建设上，坚持“经营城市、注重产城融合”

一是提升综合大配套。对于新区开发来说，综合配套是支撑智慧城市可持续发展的基石，其建设水平直接决定了智慧城市的发展前景。为保证夯实智慧城市创建的基础，通过大综合配套的建设，有效解决居民的交通、上学、就医等生活难题。二是实施经营城市战略。用市场经济的观念重新审视城市建设和发展，把城市作为最大的国有资产来经营，通过对城市各项资源、资本的统筹运营，最大限度地盘活存量，吸引增量，使土地资源、基础设施和城域空间在资产运作中增值，提升城市功能，扩大经营容量，创造良好的投资环境，实现城市存量资源和增量资源效益最大化，进而增强城市经济实力和综合竞争力。三是注重产城融合。城市是产业的载体，产业是城市的支撑。新城区不仅仅是靠卖出去几块地，而是要通过招商形成产业支撑，吸引人气，带动消费。先导区坚决摒弃传统型、粗放型发展方式，遵循“从基础抓起、循序渐进，用需求导向、培育市场，以项目引领、科学投入”的开发建设规律，将片区开发建设与产业培育有机结合起来，创造了大面积片区开发、大规模资金运作、高端化产业升级的发展模式，以强有力的产业支撑避免“新城”变“空城”。为支持产业发展，新进入先导区的产业目录范围内的产业项目，享受长沙高新技术产业开发区的土地、税费等优惠政策。

（四）在投融资体制上，坚持“合作共赢，互惠互利”

新区建设需要巨额资金，在缺少资本金和抵押物的情况下，如何得到银行的信赖与支持，这是先导区面临的第一个棘手的问题。先导区通过建立良好、规范、安全、开放的金融生态环境，构建相对完善的金融组织体系、金融市场体系、金融风险防范体系、金融服务体系和投融资体系等方面做了一些大胆有益的尝试，较好完成了各类融资任务，为先导区开发建设提供了可靠的资金保障。先导区成立以来，累计融资537亿元，融资峰值208亿元，已累计偿还贷款本金300亿元，利息67亿元。2013年，金融机构给先导区的授信额度达60.6亿元，而先导区根据自身需要只贷了8亿元。在许多金融机构贷款利率上浮的情况下，商业银行均按基准利率向先导区放款，政策性银行还下浮利率4%。先导区优质资产总额达到568亿元，而负债率仅为46%，在全国新区中资产质量都是最好的。同时，大规模的优质资产和现金流使先导区在金融界树立了良好信誉，而强大的资金融通能力又使先导区具备了建设大项目的资金实力。特别是先导控股，市政府将其定位为长沙金融控股平台，通过注入100亿元资金，形成融资杠杆作用，成倍释放效应，撬动融资400多亿元，且融资呈现“规模大、期限长、成本低”的特色，为“三片一岛一枢纽”建设注入了源源活水，并通过布局金融产业，构建大资本循环体系，推动“资金—资源—资产—资本—资金”之间的高效循环。

未来将继续按照“政府引导、企业市场化运作”思路，充分发挥市场配置资源的决定性作用，主动嵌入智慧城市相关元素，积极探索利用和整合各种信息化技术手段进行智慧化提升，通过提高信息化管理水平和效率，增强质量和安全系数，降低运营和管理成本等来进一步提升经济效益和社会效益。以此为突破口，以点带面，逐步推动智慧城市创建其他项目逐步全面开展，使智慧城市在“两型社会”建设中发挥更大更好的作用。

长沙大河西先导区管委会副主任、长沙先导投资控股有限公司董事长：刘继雄

长沙大河西先导区智慧城市创建工作行政责任人：赵文彬　长沙市委常委、先导区党工委书记、管委会主任

长沙市大河西先导区智慧城市实施管理办公室：长沙大河西先导区管委会

点 评

点评人：刘勇（研究员　国务院发展研究中心）

《国家新型城镇化规划（2014～2020）》提出，城镇化战略要遵循以政府引导、市场主导的路径。长沙大河西先导区、先导控股公司投资建设的洋湖生态新城、滨江商务新城为长沙乃至其他城市新区提供了一种可供借鉴的市场化操作模式——先导模式。该模式有以下几个特点，或值得推广的地方。

一是政府引导、企业市场化运营。政府主要负责两件事：最终决策和出资100亿元启动资金，其他事务完全交由先导控股按市场经营与运作。

二是构建“一体两翼”的三大运作平台。突出城市产业发展为主体（一体）、强化城市基础设施建设为一个辅翼（一翼）、全面开拓城市发展资金渠道为另一个辅翼（另一翼）的公司运作平台体系，符合《国家新型城镇规划（2014～2020）》提出的“产城融合”，强化城市产业就业支撑的城市建设基本规律和要求，体现了设施在城市建设中的核心地位，抓住了资金和金融在城市建设中的关键作用，走出了一条有特色、可持续、多元化发展新路。

三是先导控股全面参与或直接承担城市规划、建设和运营各个阶段和环节的具体事务性工作（重大决策由政府做出）。包括第一阶段的规划、征地和拆迁，第二阶段各类城市基础设施建设，以及第三阶段项目引进、投资和建设等。

四是参与规划和建设的“三片（滨江新城、洋湖、湘江新城）一岛（月亮岛文化旅游岛）一枢纽（河西综合交通枢纽）”体现了“两型社会”和智慧城市的要求，成为先导区开发建设的亮点。

五是先导控股在城市产业发展、基础设施建设和融资控股方面也取得较好成绩。5年来，先导控股实现经营收入220多亿元，上缴财税50亿元，实现利润20多亿元，储备的优质土地资产达1万亩；重点推进的6.7平方公里滨江商务新城、19.8平方公里洋湖生态新城等片区已展示新城形象；累计实现融资400多亿元，采用了商票、信托、企业债、中期票据、结构化融资等多种方式，并初步进入银行、证券、保险联动等金融产业，正积极开展借壳上市等资本运作。

总之，长沙大河西先导区建立的“先导控股”企业市场化城市建设运营商创新模式，借鉴了发达国家城市建设经营企业市场化的成功经验，在我国推进“两型社会”和智慧城市建设新模式的指导下，针对先导区发展阶段、面临的突出问题以及资源区位特点，结合先导区发展战略、定位和规划的总体要求，按照市场起决定性作用的新思路，卓有成效地开展了先导区“三片一岛一枢纽”的规划、建设和运营工作，取得了良好的效果和经验，可以作为智慧城市创建典型案例加以推广，以促进我国城市建设企业市场化改革进程的快速推进和发展。

企业投资建设　政府购买服务 促进政府公共服务提质增效

——秦皇岛市创建智慧城市探索实践

【摘要】秦皇岛市将智慧城市建设作为推进产业转型升级、提升政府公共服务、实现社会治理现代化的重要抓手，建立主要领导负责的组织机构，制定政策文件与规章制度，创新“企业投资建设，政府购买服务”模式，引导多元社会资金投入建设，优选先前建设项目，以城市公共信息平台为应用基础，在公共服务、社会管理、产业发展等方面探索政府公共服务提质增效的新措施。运用“企业投资建设，政府购买服务”的模式引进中兴“智慧城市北方基地”项目。该项目的引进，将秦皇岛智慧城市建设过程中的资金、技术、规划、设计、管理和运维的各种问题集中在一个平台上解决，有效地推进了智慧城市创建工作开展。通过一年来的智慧城市创建探索实践，秦皇岛市在城市云基地、通信信息服务网络、公共信息服务平台、智能交通、智慧旅游、平安城市、智慧医疗等方面取得了进展，各项工作积极推进，实现了政府管理服务的完善提升，政府工作更加有序有效；促进了民生服务方式变革，百姓生活更加方便快捷；促进了工业化和信息化两化深度融合，企业经营更加精准高效；促进信息产业发展壮大，为产业升级开辟新的领域。2014年3月4日央视财经频道“中国经济生活大调查”结果发布，秦皇岛市名列中国最幸福城市20强，在地级城市中排名第一。

一、背景

秦皇岛是一座既历史悠久，又十分年轻的港口城市。公元前215年，秦始皇东巡求仙至此，秦皇岛由此而得名，是国内唯一以皇帝名号命名的城市。1898年，清政府批准秦皇岛开辟商埠。1984年，秦皇岛被国务院批准为中国首批十四个沿海开放城市之一。秦皇岛市辖海港、山海关、北戴河3个城市区，昌黎、抚宁、卢龙、青龙4个县及秦皇岛经济技术开发区、北戴河新区，总面积7812平方公里。2012年末全市常住人口302万人。

2013年全市实现地区生产总值1168.8亿元，全部财政收入197.5亿元，社会消费品零售总额509亿元，实际利用外资7.5亿美元，城镇居民人均可支配收入为24353元，农民人均纯收入为9356元。

二、问题

秦皇岛市作为我国第一批改革开放城市，在经历了高速发展的阶段后，城市经济社会发展遇到了一些问题。主要体现在：

一是城市公共服务能力与人民群众和谐幸福生活的要求还存在差距。人民群众最关心、最直接、最现实的医疗、教育、居住、交通、治安等方面，政府公共服务还存在一些问题。例如：在医疗方面，医疗资源与信息的获取渠道依然狭窄，就诊活动费时费力；在安保方面，现代化的技术防控手段还不普及，监控网点覆盖率偏低，监控分散、品牌繁杂、管理无序影响了公安机关安保工作；在交通管理方面，城市主干道路容载不够、路口路段渠化分流不合理，车流潮汐性堵塞严重；城市商业区和办公区停车困难，各类停车场无导向，乱停乱放常有发生。同时作为暑期旅游城市，在炎热的夏季，城市道路的拥堵现象尤其明显。

二是旅游和服务业的升级发展遇到了瓶颈。秦皇岛辖区内北戴河山海关是著名的风景旅游度假区，每年吸引着2400万人次的中外游客。但旅游旺季短暂、旅游产品匮乏、旅游收入不高、旅游产业发展后劲不足等问题困扰着整个旅游和服务业升级发展，旅游业存在“散、小、弱、差”的局面。近几年，随着竞争的加剧以及人们思维的革新，旅游和服务业转型升级、联合发展的要求越来越迫切。

三是网络信息技术的发展对民生服务方式提出了更高的要求。随着信息网络的不断普及，市民在政民互动、证照办理、教育就业、道路交通、经营纳税和商务旅游等方面已经不满足于传统的行政服务模式，希望通过网络、手机、广播电视等便捷手段获得需要的城市公共服务。

三、措施

秦皇岛市在充分分析各种因素的基础上，明确了城市发展方向：通过智慧城市建设和促进信息消费推动政府公共服务提质增效，推动产业转型升级，推动区域经济社会跨越式发展。具体措施主要包括以下五大方面。

（一）建立主要领导负责的组织机构

秦皇岛市委、市政府把智慧城市创建工作摆上重要议事日程，市委书记亲自调度，多次听取情况汇报，安排部署相关工作。市政府成立智慧城市建设领导小组，组建由承建企业人员参加的联合办公室。市政府多次召开专题会议研究解决相关问题。同时，为确保智慧城市建设工作科学高效，成立了“秦皇岛智慧城市建设专家委员会，”负责项目论证、意见咨询和方案审查。

河北省委、省政府高度关注秦皇岛智慧城市创建工作。2013年8月12日，省长亲自出席秦皇岛经济技术开发区与深圳中兴网信科技有限公司合作签约仪式，与中兴公司董事长签订协议，共同建设智慧城市秦皇岛北方基地。该项目总投资10亿元，占地227亩，建设内容包括云计算基地、软件研发中心、运行维护中心等。项目建成后，5年内预计能够实现销售收入30亿元，10年内有望达到100亿元，为秦皇岛以及东北、华北乃至东北亚地区提供基于云计算的智慧城市集成服务。

（二）制定政策文件与规章制度

为确保智慧城市建设有序推进，市政府聘请了国内高端规划咨询机构—辽宁北方实验室有限公司提供专业咨询，在充分调研和学习借鉴先进地区经验基础上，制定了《秦皇岛市智慧城市建设规划纲要》、《智慧城市建设管理办法》、《网络信息安全服务单位资质管理办法》等一系列政策措施，建立了覆盖各行业、各部门的秦皇岛智慧城市建设顶层设计规划，在智慧城市建设管理体制、基础设施规范、信息资源整合与共享、安全体系建设、监督考核与法律责任等方面作出明确规定。加大智慧城市建设资金支持力度，市财政设立智慧城市建设专户，统筹各部门信息化资金，集中用于智慧城市建设。

（三）创新“企业投资建设，政府购买服务”的模式

智慧城市建设需要雄厚的技术和资金支撑。秦皇岛市在智慧城市建设投资、管理和运行维护上，大胆创新，率先引入“企业投资建设、政府购买服务”的新模式，充分利用IT企业、电信运营商及社会力量，引进高端企业开展合作，规避项目风险、实现合作共赢。为实现这个目标，引进了“智慧城市北方基地”建设项目。该项目的引进，将秦皇岛智慧城市建设过程中的资金、技术、规划、设计、管理和运维的各种问题集中在一

个平台上解决，有效地推进了智慧城市试点创建各项工作的开展。市政府与中兴网信签署了《秦皇岛市智慧城市项目投资与服务合同》，合同金额3.5亿元，主要建设智慧城市云平台、平安城市、智慧交通、智慧旅游、智慧医疗5个一期项目。项目建成并通过验收后，由市政府支付服务租金，取得项目的使用权。市财政设立智慧城市建设专户，统筹各部门信息化资金，集中用于智慧城市租金支付。

“企业投资建设，政府购买服务”的模式开展智慧城市建设的关键是建立各部门分工负责、协调联动的工作机制。各部门对财政批资金、自己搞建设的信息化建设模式很熟悉，但是对政府购买信息化服务模式没有经验。如何保证购买的服务能够满足各部门使用需要，如何将各部门需求控制在项目投资许可范围之内，如何保证项目建设的进度和质量，需要从头摸索。在工作中采用项目承担单位提需求、主管部门搞评审、实施企业出方案、承担单位最后确认的项目建设流程，明确各部门的责权，形成既相互制约又有机配合的智慧城市建设管理体制。从需求描述、方案评审、合同谈判、实施控制等环节入手，逐步摸索，建章立制，以创新思路建立各部门协同配合、监理客观监督、政府问责推进的智慧城市建设新模式。

公开招标聘请了专业监理公司，对工程质量控制、进度控制、设计变更、安全管理等方面提出明确要求，建立明晰可控的管理流程，使每一个施工动作都有据可查。同时建立了智慧城市建设联席会议制度，主要是每周一召开由施工方、业主方、监理方三方参加的例会，认真做好项目管理工作，实行挂图作业，严格把控施工质量和进度，确保智慧城市一期项目稳妥有序推进。

（四）引导多元社会资金投入建设

积极引导社会资金投入智慧城市项目，市政府与中国联通河北省公司签署智慧城市建设合作协议。中国联通将利用三年时间，投资12.9亿元在秦皇岛建设覆盖全市的光纤网和无线宽带网，目前已完成投资2.6亿元，对3.2万城区老客户实施光纤化改造，实现了商务楼宇百兆光纤到桌面，居民住宅百兆光纤到楼口，满足了智慧城市建设和三网融合需求。中国移动投资3亿元，建设4G新一代移动通信网项目。这些社会资金的投入，为智慧城市建设奠定了良好的基础。

（五）优选先前建设项目

秦皇岛智慧城市先前建设项目按照智慧城市总体规划，优选了公共信息服务平台、智慧医疗、平安城市、智慧交通和智慧旅游等五大项目。

公共信息服务平台。秦皇岛公共信息服务平台以市民对政务与公共事业等信息消费需求为核心，采用云服务模式聚合政府、公用事业、便民服务等领域的为民服务资源，为每个市民量身打造专属的网络空间，通过PC、智能手机、平板电脑、自助终端、智能电视、服务热线和社区服务站等多渠道，向市民提供个性化的信息消费产品和内容，逐步构建全方位、个性化、主动型、一站式市民公共信息服务平台，通过持续服务和业务运营，将秦皇岛市民公共信息服务平台打造成政府服务市民的阵地、市民虚拟的生活家园和社区便民服务的平台，助力秦皇岛智慧城市建设，承载秦皇岛市行政体制改革和社会管理创新的各项体验工作，推进“信息惠民”工程，提升公共服务均等普惠水平。

建设任务主要包括两部分。一是搭建平台和系统，包括11个基础服务平台、6个业务支撑平台、1个技术支撑平台、5类主数据库和7大主服务渠道建设。二是系统接口开发、数据对接和服务装载工作。主要是按照调研和设计的主题服务，通过各种对接方式连接各部门服务资源，进行流程梳理、业务对接和数据共享工作，并装载形成各频道主题服务，供市民按照自身习惯任意选取渠道和终端获取服务；同时将市民的服务请求和投诉等信息反馈给各共建部门和单位，实现服务协同，推进服务优化。

智慧医疗。建立以居民健康档案为核心的区域卫生信息平台，制定居民健康档案管理规范及数据标准，搭建以居民为中心的居民健康档案数据中心。采集试点单位符合数据标准的卫生服务记录，居民健康档案内容包括个人基本信息、主要健康摘要和疾病问题、卫生服务记录等三个方面，并与试点单位的医疗卫生服务对象范围一致，在此基础上建立相应的区域协同医疗示范应用系统，如市民健康卡系统统筹试点范围内医疗机构就诊卡的使用、基于既定规范和管理制度实现双向转诊管理信息化、检查检验结果共享等。

主要建设内容包括：建立覆盖全市14家直属医院、具备全市总计31家医院的接入管理能力的医疗信息交换共享平台；实现全市85家社区卫生中心的全面信息化。新建居民健康档案系统、双向转诊系统、诊疗预约系统、居民健康服务门户，整合现有的新农合系统。

平安城市。深化平安城市建设，完善立体化社会治安防控体系。构建起与全市经济社会发展和社会管理需要相适应的社会治安科技防范体系。切实提高和维护全市安全、打击预防震慑违法犯罪，提升社会管理的能力和水平，实现技防设施“城区全覆盖，农村重点无遗漏”。

主要建设内容包括：建立市、县、乡镇三级视频监控网络；建立和完善市、县

（区）局，乡镇（街道）派出所视频监控平台和市、县（区）两级技防自动报警监控平台。2013年开展一期项目，扩容1个市级平台，7个县级平台，新建55个派出所平台，改造15个派出所平台，新建1000个前端点位、改造200个前端点位，监控覆盖率提高到47%。

智慧交通。提升交通管理和服务能力，强化科技装备和信息技术在道路交通执法中的应用。整合管理力量和交通技术监控设备，建立部门、区域联勤联动机制，实现资源共享。以及时高效的交通管理，来改善有限的道路环境。

主要建设内容包括：建设覆盖全市150个交通信号控制路口，新建20套交通诱导屏，120处交通流视频采集及交通事件监测点位，45处交通事件视频监测（路段），完成75%以上前端点位的建设和改造。新建市级公安交警指挥中心，综合指挥集成平台，交通信息综合服务平台，智能交通信号控制系统，交通流量、交通事件数据采集系统，交通诱导发布系统，高清视频指挥调度系统，违法行为监测系统，智能卡口查缉布控系统，交通监控系统，移动警务系统，GPS定位系统。

智慧旅游。建设国内先进的旅游资源库和行业管理应用，整合全市旅游资源，初步形成旅游资源一体化管理。建成国内先进水平、多语种、开放性的生态文明旅游目的地营销门户，更好地宣传秦皇岛生态文明旅游品牌和形象，推进旅游宣传促销，打造秦皇岛智慧旅游品牌。建成国内先进的旅游资源的基础应用支撑系统，针对游客推出有特色的旅游产品和服务手段，减少游客的旅行成本，提供良好的旅游体验。

主要建设内容包括：智慧旅游云平台、秦皇岛旅游门户网多媒体信息查询系统、电子商务B2C系统、景区无线WiFi覆盖、旅游咨询服务监控体系、游客应急医疗救助系统。项目建成后来秦游客手机客户端推送实现90%以上。手机APP使用人次超过100万人次。旅游电子商务实现营业收入超过1亿元，服务人群超过100万人人次。

四、成效

目前秦皇岛智慧城市建设取得了积极进展，各项目承担单位与中兴秦皇岛公司通力合作，按照项目的成熟程度和轻重缓急，有计划地精心组织建设工作，智慧城市公共信息服务云平台、平安城市、智慧交通、智慧旅游等智慧城市一期项目的建设工作有序推进。

智慧城市公共信息服务云平台建设位置已经确定在市开发区数谷翔园内，场地面积2000平方米。现基本完成了场地的装修工作，准备进行设备安装调试。该平台将建成集智慧城市中心机房、数据处理中心、指挥展示中心等功能的多用途平台，承载秦皇岛市智慧城市信息共享平台、智慧城市服务门户、城市基础数据库等多项应用，成为智慧秦皇岛的大脑中枢。

平安城市项目已经完成了市局一级平台和2个二级平台、7个三级平台升级改造任务。建立了连接市局到县区分局、联指、城市区派出所的11条千兆、32条500兆视频传输骨干网络。完成309个摄像头的安装调试工作，传回了清晰的监控画面。基本实现暑期警卫路线和重点地区的监控连续覆盖。暑期应急系统投入使用仅仅三个月时间，警方通过视频巡控和图像侦查，配合处置交通事故16起，协助破案32起；及时发现并排除隐患9起。为秦皇岛市在新形势下做好暑期服务、警卫工作，打下了良好的技术基础。

智慧交通项目主要完成了26个路口的信号机升级改造，新建7组路口信号灯，实现路口交通信号遥控控制。安装部署6台服务器、1台核心交换机。下一步完成交通路口与市交警指挥中心的连接以及软件安装工作，实现路口交通信号的远程控制。

智慧旅游项目主要完成了74台多媒体查询一体机安装工作。建设完成了旅游三级应急监控系统机房装修和DLP大屏及配件安装工作，引入36路景区视频信号。完成10个景区前段监控点位工勘工作，铺设光纤4765米。完成了智慧旅游网站和手机软件界面设计，进入软件开发阶段。

此外，智慧食药监、智慧商务、智慧环保、纪检保密办公办案系统、蔬菜肉类溯源系统等一批智慧城市项目正在进行建设方案制定和评审。

五、经验

秦皇岛智慧城市创建工作主要经验是：

第一，市委市政府主要领导亲自抓。秦皇岛市委、市政府把智慧城市创建工作摆上重要议事日程，成立智慧城市建设领导小组。建立了组织保障体系和规章制度，组建有承建企业人员参加的联合办公室，研究解决相关问题。为确保智慧城市建设工作科学高效，成立了秦皇岛智慧城市建设专家委员会，负责项目论证、意见咨询和方案审查。

第二，创新“企业投资建设，政府购买服务”的模式，引进了“智慧城市北方基地”建设项目。该项目的引进，将秦皇岛智慧城市建设过程中的资金、技术、规划、设计、管理和运维的各种问题集中在一个平台上解决，有效地推进了和百姓生活息息相关的安全、交通、医疗等公共服务系统的建设，城市安保防控手段得到加强，交通疏导分流科学合理，求医问药更加方便，为促进政府公共服务提质增效提供新的措施。

第三，实现了智慧城市建设和产业发展双促进，形成智慧城市带动产业发展，产业发展促进智慧城市建设的良好局面，初步达成了政府和企业双赢的预期。

下一步将按照“服务民生、发展产业”的智慧城市建设理念，积极推进智慧城市建设和相关产业发展。一是推进网络基础设施建设。以网络光纤化改造和4G网络建设为重点，推进基础网络升级提速，实现百兆光纤入户进村，保持信息网络基础条件省内领先地位。二是加快智慧城市项目建设进度。推进智慧城市一期项目建设，力争尽快全面投入使用，智慧城市指挥展览中心暑期前实现平稳运行。积极谋划以智慧民生、智慧管理、智慧产业、智慧决策、综合治税和联合征信等领域为重点的二期项目，推动神州数码产业园、智慧岛等项目落户秦皇岛。组建智慧城市产业联盟，通过产业链协同、统一方案营销，推进智慧城市产业集群化发展，将我市智慧城市打造成国家级样板工程。三是发展信息消费产业。以智慧城市产业联盟为平台，推进全市信息消费类企业软硬整合，形成智慧消防、智慧医疗、智能家居等特色信息消费产品区域优势，带动全市信息消费和现代服务业发展。四是建立信息共享服务平台。依托智慧城市云平台，对政府业务部门和民生服务部门实行统建统管、互联互通，整合全市信息资源，建立智慧城市公共信息基础数据库，切实提升社会管理服务智能化和信息化水平。

通过一年多来的智慧城市创建实践，项目相关应用成果已经开始在秦皇岛社会经济生活中发挥作用。随着智慧城市建设延伸，未来的秦皇岛将更体现出“便民、利民、惠民”的城市品质，秦皇岛的经济风貌将更体现出“富有实力、充满活力、独具魅力”的城市品格，秦皇岛的人文环境将更体现出“宜居、宜业、宜游”的城市品牌。相信在国家智慧城市创建工作的引领下，在全市人民的不懈努力下，秦皇岛一定能建设成为全面小康、富裕殷实、山清水秀的沿海强市、美丽港城。

秦皇岛市市委书记：田向利

秦皇岛市市长：商黎光

秦皇岛市智慧城市创建工作行政责任人：孙国胜　秦皇岛市副市长

秦皇岛市智慧城市实施管理办公室：秦皇岛市工业和信息化信局

点评

点评人：杨崇俊（研究员　中国科学院遥感与数字地球研究所）

每一个地方政府都应当并努力在为人民群众办事，也特别关注公共服务、社会治理、产业发展等问题，因为这些问题对城市发展影响最大且与人民群众关系最密切。但办这些事需要大笔启动经费，经费从哪里来？在房地产财政不可能再持续下去的背景下，是否还有其他办法？河北省秦皇岛市为此提供了一个很好的回答。

秦皇岛市以智慧城市建设作为提升政府公共服务能力、实现社会治理现代化、推进产业发展的重要抓手，在短短一年多时间内，在城市云基地、通信信息服务网络、公共信息服务平台、智能交通、智慧旅游、平安城市、智慧医疗等具体建设中取得了显著进展，这其中非常关键的就是运用“企业投资建设，政府购买服务”的模式。在这种模式下，引进了中兴“智慧城市北方基地”项目，将秦皇岛智慧城市建设过程中的资金、技术、规划、设计、管理和运维的各种问题集中在一个平台上解决，有效地推进了智慧城市试点创建各项工作的开展，也为政府解决公共服务、社会治理、产业发展等问题提供了新的路径措施。

智慧城市项目在“企业投资建设，政府购买服务”模式下，建成并通过验收后，由政府支付服务租金，取得项目的使用权。这种模式减轻了城市发展急需财政资金的压力，规避了项目风险，可实现多方合作共赢。

秦皇岛市的主要领导高度重视，亲自主抓整个工作，更是一条值得推荐的非常重要的经验。

抓网格化管理　促智慧城市建设

——贵阳市创建智慧城市探索实践

【**摘要**】贵阳市按照"统一标准、兼顾各方、资源共享"的原则，整合各相关部门的现有资源，建立市、区数字化城市管理信息平台与社区网格化管理信息平台相互联网的三级信息平台；建立社区服务中心基础信息数据库，全面采集社区居民基础信息和公共基础设施信息，建立包含人口信息管理系统、设施信息管理系统、事件信息管理系统、城管信息管理系统等在内的GIS社区网格化管理系统；建立社区门户网站，面向社区住户提供社会管理资讯和新闻、政策、法规等信息，并在网上受理群众反映或申办事项。进一步整合服务资源、扩大服务范围、完善联动处置机制，将城市管理"12319"服务热线打造成为功能齐全、便民利民优质服务窗口，着力为群众解决 "水不通、气不畅、灯不亮、卫生差、路不平"等问题。

一、背景

贵阳简称"筑"，是贵州省省会，总面积8034平方公里，辖六区一市三县、一个国家级经济技术开发区、一个国家级高新技术产业开发区，总人口445万。

贵阳气候凉爽，夏季平均气温24℃；空气清新，一年中空气质量优良天数超过95%，森林覆盖率43.2%，是世界上喀斯特地区植被保持最好的中心城市；海拔适中，平均海拔1100米，为世界上紫外线辐射最低的城市之一。自然资源丰富，铝土矿保有储量3.65亿吨，占全国的20%；磷矿保有储量6.68亿吨，优质磷矿占全国的70%；煤矿保有储量6.97亿吨。交通便利，川黔、湘黔、贵昆、黔桂铁路干线与正在规划建设的成贵、渝黔、沪昆、贵广快速铁路干线交汇于此，贵新、贵黄、贵遵、贵毕与厦蓉等高速公路贯通全境，是大西南重要的出海通道交汇点。

2007年底，贵阳市确立了建设生态文明城市的总体思路，五年多来，贵阳建设生态文明城市取得积极成效。2007至2012年全市生产总值从729亿元增加到1700.3亿元，增长1.33倍，年均增长14.9%；固定资产投资从500亿元增加到2483亿元，增长近4倍；财政总收入从188亿元增加到488亿元，增长1.6倍；公共财政预算收入从76亿元增长到241亿元，增长2.2倍；城市居民人均可支配收入和农民人均纯收入分别净增9015元、4760元，达到21796元、8488元。

近年来，贵阳先后获得“中国优秀旅游城市”、“国家森林城市”、“全国绿化模范城市”、“国家园林城市”、“中国避暑之都”等称号。2009年6月，被国家环保部批准为全国生态文明建设试点城市；2010年8月，被国家发改委批准为全国低碳试点城市；2011年12月，获得“全国文明城市”和“国家卫生城市”称号；2012年12月，被国家发改委批复为全国首个生态文明示范城市。2009年以来，连续成功举办四届的生态文明贵阳会议升格为生态文明贵阳国际论坛，是目前中国唯一以生态文明为主题的国际论坛。

二、问题

推进社会管理工作，必须大力推动社区建设，拓展社区服务，提高生活质量，但原有的社会管理方式很难适应形势发展的需要，面对流动人口、下岗职工、老龄人口、社会治安、计划生育等各种问题，在管理和服务上力不从心，问题主要表现为：

1.社区工作行政化倾向严重。市、区和社区关系没有完全理顺，对社区职责分工界定不够明晰，社区从事了以前街道办事处所承担的行政性和半行政性事务，真正用于服务居民的时间很少。

2.城市社会管理重心下移变相成为任务下移，社区是综合性的基层服务平台，人力、物力的投入还没有得到全面的保障，而传统的部门条块式的管理模式，造成社区要面对的“婆婆多，任务多”，降低了社区服务工作效率。

3.社区服务功能不够完善。服务内容单一，以政府提供的劳动就业、社会保障、社会救助、卫生和计生、安全和文教体等公共服务为主，服务对象以老年人、残疾人、青少年和失业人员等特殊群体为主，直接面向全体社区成员的服务项目不多。

4.社区民间组织发展缓慢，社区志愿者组织少，人员参与率低，未能形成经常性活动机制；社区商业服务欠发达，商业网点不够完善。

5.社区信息平台和“数字社区建设”滞后。各部门基础数据和统计资料条块分割，难以统筹，往往是一个部门一个信息系统，拿人口数据来说，公安、社保、计生等部门都有人口数据库，但各部门数据间不共享不核对，谁都不敢说谁的数据最全面，同时造成社区信息化建设中信息多次采集，难以及时更新，无法共享，社区工作者延续传统的走家串户服务方式，工作量大，效能低。

人民群众是党的执政基础，因此，加强和创新社会管理，推进社区网格化建设是推进党和国家事业，构建社会主义和谐社会，维护最广大人民根本利益，提高党的执政能力和巩固党的执政地位的必然要求。

三、措施

2010年10月，贵阳市被列为全国社会管理创新综合试点城市。2012年2月，又被中央综治委确定为全国大城市从整体上加强和创新社会管理的三个典型之一进行培育。

贵阳市根据中央和省关于加强和创新社会管理工作的总体要求和工作部署，以城市基层管理体制改革作为加强和创新社会管理的突破口，撤销了街道办事处，建立新型社区，实行扁平化管理，直接面对群众开展社会管理和公共服务。同时，积极探索适应新型社区服务管理需要的网格化管理新模式，按照“试点先行、分步实施、全面推开”的推进方式，逐步在全市89个新型社区全面推行网格化管理。

按照“整合资源、信息共享、节约成本”的原则，贵阳市于2009年启动数字化城市管理信息系统建设工作，完成搭建市区两级监督指挥平台，南明、云岩、小河、金阳四个主城区建成区100公里范围内的基础地形图补测、城市管理部件普查，完成GIS系统（地理信息系统）建设和事件、部件入库和上图，单元网格划分以及城市管理12319服务热线和城管服务网站的建设；同时在共享公安、交警摄像头资源的基础上，完成自建55个城管监控摄像头资源建设工作。并将数字化城市管理系统应用范围延伸到花溪、乌当、白云，完成三区区级平台建设和部件采集工作，同时进一步完善城市综合执法、市政路灯、河道防汛等业务子系统，搭建综合执法、市政、环卫、河道四个处置指挥中心，致力于提高城市管理问题的处置能力；正逐步实现数字化管理综合运行的市域全覆盖。

（一）基本模式

社区网格化管理工作是按照以人为本、服务为先的理念，以服务辖区人口为目的，以数字化、信息化为手段，以体制改革后的新型社区为管理范围，以事件管理为内容，以处置单位为责任人，通过搭建信息平台，实现市、区联动，部门配合，资源共享的一种管理模式。

1.科学设置网格。按照“管理便捷、无缝衔接、相对稳定、一格多用”的原则，根据新型社区不同地域功能定位，以合理界定服务管理范围为重点，综合考虑人、地、事、物等相关因素，将新型社区划分为若干网格，确保网格横到边、纵到底、不重叠、全覆盖。

2.合理配备社工。根据工作量大小，每个网格配备1～2名网格社工作为网格管理员，由社区在编人员和分属综治、禁毒、民政、社保、计生、城管、流动人口等对口部门聘用并派遣至基层工作的人员组成，不足人员采取公开招考或招聘的方式补充。合同制聘用人员按照“统一管理、统一使用、统一报酬、统一考核”的原则，收归社区服务中心统一调配使用，最低工资原则上参照上年社平工资核定（含养老保险、医疗保险、失业保险、工伤保险、生育保险），并实行绩效工资制度。部门聘用派遣人员报酬按原渠道足额拨付到社区，不足部分由区财政补足。

3.明确工作职责。按照“职责明确、一岗多责”的原则，制定网格社工的管理和工作制度，明确网格社工的工作职责。网格社工以“全科医生”的方式开展工作，在做好治安巡防、收集社情民意、化解矛盾纠纷、服务居民群众、加强应急管理等基础工作的同时，积极宣传党的路线、方针、政策和国家有关法律法规，协助有关部门做好网格内与居民密切相关的社会治安、社区矫正、公共卫生、人口计生、优抚救济、社区教育、劳动就业、住房保障、社会保障、社会救助、城市管理、环境卫生、文化体育、科普教育、民族宗教、消费维权以及老年人、残疾人、妇女、未成年人、流动人口权益保障等工作，指导和监督网格内的社会组织、业主委员会、物业服务企业开展工作，推动社会管理和公共服务延伸到基层。

4.发挥义工作用。社区服务中心广泛吸收社区内的“两代表、一委员”、居民议事会成员、公益性岗位人员、企事业单位干部职工、离退休干部、居民群众等组建义工队伍，协助网格社工就近就地开展数据采集、民情收集、矛盾化解、法制宣传、法律援助、政策讲解、科普宣传、民主监督、帮扶救济等工作。充分发挥社区内自治组织、群众团体和社会组织的作用，整合各类服务管理资源，构建以网格社工为主题，网格内社团和义工为补充的工作模式，满足社区居民多元化的服务需求。

5.搭建信息平台。按照“统一标准、兼顾各方、资源共享”的原则，整合现有资源，建立市、区数字化城市管理信息平台与社区网格化管理信息平台相互联网的三级信息平台。建立社区服务中心基础信息数据库，按照“地不漏房、房不漏户、户不漏人、人不漏项”的要求，全面采集社区居民的具体情况，普查社区内公共基础设施状况，建立包含基础信息子系统、日常工作子系统、资源共享子系统等板块的社区信息平台。将社会管理移动终端系统配备到每个网格社工，建设社区门户网站，提高社会管理的信息化水平。通过将城市管理“12319”服务热线上升为“12319”公共服务热线，按照“民有所呼、我有所应、一线接听、多方服务”的原则，整合政府服务资源、扩大服务职能，完善联动处置机制，着力解决人民群众关心的“水不通、气不畅、灯不亮、卫生差、路不平”等问题，努力将“12319”打造成为功能齐全、便民利民优质服务窗口。

6.规范处置流程。按照“统一收集、分类办理、分级处置”的原则，依托市、区、社区三级信息平台，建立规范、高效的“案件”处置机制。信息收集按照综治、维稳、计生、劳动保障、城市管理等内容分类采集，建立“信息收集—案件研判—任务派遣—处理反馈—核查结案—综合评价”处置机制和评价体系。属于网格社工职责范围内的事，由社工及时办理；属于社区服务中心职能范围内工作，由社区明确相关人员限时办理；需要区级处理的，由区级平台按照案件归属关系，交相关部门处置；需要市级层面处置的，由市信息平台督促相关部门处置。

7.健全工作机制。建立网格挂牌联系和服务承诺公示制度，在每个网格区域内醒目位置设置网格区域管理图和服务指示牌；采取印制服务手册等方式，公布网格社工的姓名、联系方式、工作内容、监督电话，以方便群众联系、接受群众监督。社区制订了网格社工工作实绩考核办法，将工作态度、工作成效和群众满意度等作为评价指标，将考核结果作为奖惩的依据。市、区两级建立了部门联动处置工作考核办法，按照“分级考核、分类考核、定量考核”的原则，积极探索“上评下”和“下评上”相结合的绩效考核体系。

（二）网格化管理

自2010年2月以来，全市49个街道办事处由89个新型社区取而代之，在全国率先开展了以精简层级、转变职能、夯实社区为主要内容的城市基层管理体制改革和社会管理创新，初步建立了符合中央精神、具有地方特点的城市基层管理体系。同时，近年来贵阳市多次组织专项力量进入社区对人员、房屋等社区情况进行摸底入库，形成了一个数据完备、信息准确的社区综合信息库。另外，部分社区也已打通了移动、电信、广电的网络通道，实现了“三网融合”，这都为网格化管理服务提供了必要的准备。

贵阳市按照“区级为主、部门支持、社会参与”的工作思路，依托现代化、信息化的管理手段，在城市新型社区开展网格化服务管理工作，建立以社区服务中心为平台，以网格为基本工作单元，以市、区数字化城市管理信息平台和社区网格化管理信息平台为任务派遣中心，市、区职能部门与社区服务中心协调联动的工作机制，把社会建设、社会管理、社会服务延伸到基层，做到信息全收集、事态全掌控、服务全覆盖，让群众生活更幸福、社会更和谐、城市运行更有序。

2012年，在云岩区中华社区，南明区中南社区、沙南社区，花溪区明珠社区，乌当区振新社区，白云区铝兴社区，小河区瑞华社区、兴隆社区，金阳新区世纪城社区、碧海社区等10个新型社区开展网格化服务管理试点工作。而后全市社区在充分借鉴网格化管理试点社区经验的基础上，全面推行网格化管理。建设主要内容如下：

1.划分网格

一般居民区根据户籍人口、流动人口、居民认同感、楼群院落分布、管辖面积等因素，按200户至400户左右划分为一个网格。城市沿街主干道根据市政设施维护、环卫保洁、社会治安等因素划分网格。商业聚集区、工业集中区根据实际情况合理划分网格。

2.配备社工

按照“整合资源、条块结合”的原则，建立区直相关部门管业务、社区服务中心管队伍的工作机制。根据网格工作量大小，每个网格一般配备1～2名网格社工作为管理员。网格社工从社区在编人员、聘用人员或公安、禁毒、综治、民政、社保、计生、卫生、城管等部门原聘用并派遣到基层工作的人员中选聘，不足人员采取公开招考或招聘的方式补充。并结合实际，按照“职责明确、一岗多责”的原则，制定网格社工的管理和工作制度，明确网格社工的工作职责。

3.建立网格社区工作模式

调动社区各方组织力量，充分发挥社区内自治组织、群众团体和社会组织的作用，整合各类服务管理资源，构建以网格社工为主体，网格内社团和义工为补充的工作模式，满足社区居民多元化的服务需求。

4.搭建信息平台

建立市、区数字化城市管理信息平台与社区网格化管理信息平台相互联网的三级信息平台。建立社区门户网站，面向社区住户提供社会管理资讯和新闻、政策、法规等信息，并在网上受理群众反映或申办事项。进一步整合服务资源、扩大服务范围、完善联动处置机制，将城市管理“12319”服务热线打造成为功能齐全、便民利民优质服务窗口，着力为群众解决“水不通、气不畅、灯不亮、卫生差、路不平”等问题。

5.项目优化思路

未来三年贵阳市智慧城市试点创建工作中，将在新型社区网格化城市管理的基础上进一步开展智慧社区建设工作。创新、高效的管理体制，完备的社区基础信息库都为智慧社区的建设提供了必要的基础条件。贵阳市智慧社区建设将借助于网格理念和现代信息技术，依托先进的社区管理体制和完备的信息网络资源，综合考虑人、地、事、情、物、组织等，以社区服务、综治维稳为工作重点，通过“精确化、信息化、人性化”的数字化管理理念，全面构建网格化社会管理体系，使贵阳市社区管理及服务工作更上一个台阶。

6.智慧社区管理体系建设

通过实现智慧社区管理，集实有人口服务管理、实有房屋管理、社会矛盾纠纷排查、社会治安防控、重点及特殊人群服务、社会稳定风险评估、非公经济和社会组织管理等功能于一体，实现上至各级社会管理部门，下至各基层管理单位（派出所、社区、居（村）民委员会、服务中心等）间跨部门、跨地区的数据共享，更好地维护社会稳定，促进社会和谐。

智慧社区管理建设规划以体现项目建设的实用性和先进性为原则，建设11个核心业务子系统，包括实有人口服务管理子系统、实有房屋管理子系统、社会矛盾纠纷调处子系统、社会治安防控子系统、重点及特殊人群服务管理子系统、社情民意受理子系统、三维展示子系统、移动社管通子系统、综合治理指挥子系统、分析评价子系统和数据交互子系统。

1）实有人口服务管理子系统：主要实现实有人口信息和流动人口信息的综合管理，并实现基于二维与虚拟三维地图的“以人找房”功能效果。

2）实有房屋管理子系统：实现对全市实有房屋基本信息、权属信息、房屋产权人信息、房屋现使用人信息等的综合管理。

3）社会矛盾纠纷调处子系统：实现社会矛盾调处事件的地图定位、分类受理、指挥派遣、处置反馈、流程查看、指示灯预警等功能。

4）社会治安防控子系统：实现社会治安防控事件的受理、处置，实现对治安防控重点部件、重点场所、特殊行业、重点设施、社会面监控点信息的综合管理以及GIS专题图层的直观展示。

5）重点及特殊人群服务管理子系统：实现对各类重点人群和特殊人群信息的综合管理，实现与重点人群和特殊人群相关的社会管理类事件。

6）社情民意子系统：实现对市民通过服务热线反映社情民意详情信息的登记受理、处置过程督办、处置流程查看、超时事件指示灯预警提示、处置结果电话回访。

7）移动社管通子系统：基于Android平台实现民情日志上报、矛盾纠纷与治安防控事件上报、人口信息查询、事件信息查询、地图浏览、服务热线快速呼叫、紧急报警、打卡下班等功能。

8）综合治理指挥子系统：实现各类事件与地图的联动、最新事件及各阶段事件的滚动显示、网格员信息浏览、网格员分布情况GIS展示。

9）分析评价子系统：实时或定期生成统计，将统计结果以图形化或表格化的方式展示出来，实现区域评价、部门评价、岗位评价。

10）数据交互子系统：实现内部子系统间、与呼叫中心系统、区级业务系统等外部系统的数据交互、业务对接。

（三）智慧社区服务体系

在智慧社区建设中，社区服务体系的建设也是重要建设内容之一。社区服务体系是政府行使社会管理职能和提供公共服务的基础平台，是构建和谐社区的重要保障。加快完善社区服务体系已成为满足社区居民社区服务需求和促进社会和谐的紧迫任务。贵阳市智慧社区的服务体系建设将采用一定现代信息技术服务手段，即结合物联网、互联网、移动通信等各种信息技术进行融合应用，通过建立互联网服务平台、数字电视网络平台、视频服务平台、便民缴费平台、“平安e家”社区服务平台，发展社区政务、智慧家居系统、智慧楼宇管理、智慧社区服务，实现远程监控、安全管理等功能，满足社区居民多样化的服务需求，从而尽可能地将政府的公共服务下沉，为市民提供方便、有效、个性化的服务，使居民生活向智能化方向发展。

通过建设智慧社区服务平台，达到“社情全摸清、矛盾全掌握、服务全方位”的三大目标。以构建和谐社区为目标，创新服务方式，增强服务功能，满足居民日常生活服务需要。着力完善社区商业、文化休闲、医疗、健身等基础设施，重点发展社区卫生、家政、托幼、修理、食品配送等便民服务。高度重视养老产业发展，加快整合养老资源，建立社区、养老院、家庭等多层次的养老体系，推动养老服务业快速发展壮大，满足人口老龄化的需求。在综合城市管理系统的基础上，将食品药品安全、森林防火、地下空间管理、城市排水防涝等多个部门应用融入网格化城市管理体系中。

四、成效

按照《贵阳市全面推进城市网格化管理工作攻坚方案》（筑府办法［2010］103号）文件对市、区网格化推进工作的任务要求，市区两级数字化平台已基本建成，市级主干道的网格化推进工作也已经基本完成并将向次干道延伸。市级网格化推进工作在经过近一年的探索和实践后已初现成效，采用外包形式组建的网格管理队伍，有效提升了市级网格的信息采集和日常巡查、监管效率，符合贵阳市网格化推进的实际需要，为各区政府网格化推进工作积累了丰富实践经验。区级网格化推进将根据实际情况，加大投入力度，按时、保质、保量完成区级城市管理网格划分，建立健全区级网格化管理队伍，同时加快区级平台建设，完善24小时值班制度，组建专门的数字化城市管理应急保障队伍，形成完整的区级数字化城市管理信息采集、日常监管、应急处置、考核评价体系。具体成效体现如下：

1.大大降低上访事件的数量，各种纠纷和矛盾都在基层得到及时化解。

2.发案率明显下降。通过对各类矛盾隐患和不和谐、不稳定因素的排查和管理，大大降低发案率。

3.人民群众满意度上升。通过工作任务下沉、明确网格责任提高问题处理效率，确实解决人民群众的困难。

4.民生服务力度得到加强。各级、各职能部门的服务人员下沉到社区，协同解决和处理各类问题和事件，大大强化民生服务的力度。

5.办事效率明显提高。很多原来一周左右可以办结的事件，现在可能只需要1～2天就可以快速完成，最快的甚至几个小时就有回复。

6.各部门协同处理问题的能力明显增强。

7.推诿扯皮现象明显减少。网格化系统内部的各类事件，在明确管理责任的同时不但高级领导可以看到，纪检监察部门也可以随时监督和检查，处理过程全程透明，完全把政务置于全社会公众的监督之下。

8.各类统计数据及时辅助决策。各级领导对于社会管理的重点问题、难点问题和突出矛盾不和谐稳定的因素等，了若指掌，便于及时制定相应的政策。

五、经验

贵阳市将智慧社区的建设作为智慧城市建设的创新项目，依托已有管理体制创新的优势，进一步通过信息化的手段提升社区服务和管理的水平，将贵阳打造成为宜居、宜游的城市。按照政府主导、市场化运作的模式，政府将投资建设网格化社会管理系统和社区服务管理中心；在社区服务方面，将积极引导市场投资，创建社区服务广告收益、第三方应用收益及公共缴费收益等运营和盈利模式，实现政府和企业的双赢。

推进新型社区网格化服务管理的工作，在市委、市政府的正确领导下，各区按照“以区为主、部门支持、社会参与”的思路和“试点先行、分步实施、全面推开”的方式进行有益的探索和实践，经过各区，尤其是各试点社区的努力，基本实现了“五化”。

信息化——以信息技术为支撑，建立以人口信息为重点，集社区房屋、单位（法人）、公共设施于一体的基础信息数据库平台。

扁平化——社区就是服务群众、凝聚人心、管理有序、维护稳定的社会管理服务综合型平台。网格社工直接面对居民，服务群众，从其工作日志内容来看，绝大部分是帮助住户解决生活中遇到的方方面面的困难，这也是社区网格化服务管理工作的应有之义。

精细化——按照“方便管理、无缝衔接、相对稳定”的原则，根据户籍人口、流动人口、居民认同感、楼群院落分布、管辖面积内的公共户及公共设施等因素，以200～400户为一个工作网格，建立起横到边、纵到底的网格化管理服务体系。

人性化——社区网格化管理的关键，就是要将党委和政府的服务管理触角，延伸到每一寸土地、每一户居民，实现人性化的管理。按照社会管理服务的需求，网格社工挨家挨户地上门服务，开展了形式多样的便民和利民活动，与社区居民建立深厚的感情和互动关系，网格化服务管理工作取得明显的效果。

共享化——以GIS电子地图为基础，集地、户、人、房等于一体的基础信息平台，有一套相对完整、流程规范的社区事务服务管理系统，其资源可以满足公安、计生、民政、社保、维稳、综治、消防等专业部门的工作及业务需求。

以人为本、服务为先的社区网格化管理工作，是新形势下社会管理实现人性化、精细化、信息化的必然要求，是增强社区服务、凝聚、管理、维稳的有效形式。“一推五化”（“一推”，即全面推进社区网格化服务管理工作；“五化”，即信息化、扁平化、精细化、人性化、共享化）是贵阳市社区网格化试点工作总结出来的经验和下一步全面推进工作的方向。

贵阳市市委书记：陈刚

贵阳市市长：刘文新

贵阳市智慧城市创建工作行政责任人：高卫东　副市长

贵阳市智慧城市实施管理办公室：工业和信息化委员会

点评

点评人：刘勇（研究员　国务院发展研究中心）

建立在GIS基础上的社区网格化管理体系是智慧城市建设的重要手段之一，是智慧社区建设的基础和主要模式。贵阳市是我国开展社区网络化管理试点工作较早的城市之一，在试点和扩大应用中取得了良好的效果和经验，具有较强的推广价值。

首先，是建立社区网格化体系，并建立相应的网格信息收集和服务管理系统。贵阳市在取消街道建制重新设置新社区的基础上，按照200～400户为基础统一划分网格（商业区和工业区适当调整），形成信息收集和社区管理的网格单元，每个网格配备1～2名社工作为管理人员负责信息收集和网格管理，以此为基础逐级向上，构建一个一体化的市、区和新社区三级网格化信息平台和系统。

其次，赋予社区网格系统多种功能。这个三级网格化信息平台和系统具备多种功能，除收集一系列基本信息外，主要是向社区居民提供解决好“水不通、气不畅、灯不亮、卫生差、路不平”奖励等问题的公共服务，同时向各级政府提供决策咨询信息和广大的公众提供日常生活所需要的各类动态信息。

再次，开展全方位的智慧社区管理体系建设。建设11个核心业务子系统，包括实有人口服务管理子系统、实有房屋管理子系统、社会矛盾纠纷调处子系统、社会治安防控子系统、重点及特殊人群服务管理子系统、社情民意受理子系统、三维展示子系统、移动社管通子系统、综合治理指挥子系统、分析评价子系统和数据交互子系统。

总之，贵阳市社区网格化体系建设试点工作取得了明显的实效，在化解各种纠纷和矛盾、降低发案率、解决人民群众的困难、强化民生服务、提高办事效率、协同各部门处理问题、完善全社会公众对政务的监督、各级领导及时了解和制定政策等方面都取得了较好的成绩。从贵阳市社区网格化试点工作中总结出来的“一推五化”（“一推”，即全面推进社区网格化服务管理工作；“五化”，即信息化、扁平化、精细化、人性化、共享化）的具体经验，将直接有力地推进未来智慧社区的发展。

系统思维　创新融资　推进新型城市建设

——四平市创建智慧城市探索实践

【摘要】党的十八大以来，四平市围绕全面建设小康社会和“四化同步”的奋斗目标，抓住国家加快新型城镇化建设机遇，走集约、智能、绿色、低碳的新型城镇化道路，把智慧城市作为实现四平新发展的重要举措。2013年四平市被住房城乡建设部评选为国家智慧城市试点城市，在创建的过程中，牢牢把握让市场主导资源配置的指导思想以及以人为本的新型城镇化原则，以城市发展战略为引领，加快产业布局结构调整，提升经济实力；从实际问题出发，以系统思维为核心，解决城市安全、交通、管理、规划等各种民生问题，实现城市各类要素均衡化、协同化运行；以创新融资为手段，多元化筹措城市发展所需资金，探索实践适合当地特点的智慧城市和新型城镇化建设道路。

一、背景

四平市地处东北亚区域的中心地带，是东北地区重要的交通枢纽和物流集散地。全市幅员面积14080平方公里，总人口340万人，其中市区面积741平方公里，市区人口60万人。2013年四平市生产总值完成1210亿元，同比增长9.5%；固定资产投资完成735亿元，同比增长24.5%；地方级财政收入完成60亿元，同比增长6%。规模以上工业企业增加值超过300亿元，工业增加值跃升为全省第四位。新农村建设成果显著，去年粮食产量达到160亿斤，畜牧业占农业比重达到60%以上，服务业实现跨越发展，服务业增加值超过250亿元，现代服务业比重占全市服务业增加值比重达到45%以上。

四平市生态宜居，全市绿化覆盖率达36.3%，区位独特，是东北地区重要交通枢纽和物流节点城市，东北亚物流港项目正在加紧建设，工业基础雄厚。经过多年发展，形成了以绿色农产品精深加工、机械加工制造为主导产业，能源、冶金、化工、建材、医药、轻工、电子为优势产业，高新技术、现代物流为新兴产业的完备工业体系。四平农业发达，地处世界第二大黄金玉米带，是全国重点商品粮生产基地。

国家实施新一轮老工业基地振兴和长吉图先导区战略，为四平市实现区域经济一体化，加快“南接北融”步伐，全方位、宽领域、多层次地融入长吉经济圈和沈阳、大连经济圈，提供了难得的发展机遇。四平市委、市政府在科学发展道路上大胆创新，“十二五”期间，四平市将重点实施“一核三带”战略布局，突出“南接北融”开放合作格局，主动承接沈阳以南地区的产业转移，积极融入长春经济圈，融入长吉图开发开放先导区，把四平打造成“长春的前厅、沈阳的后花园”。大力推广“双向城市化”等城镇化建设模式，优先发展“一核三带”中心镇、节点镇。重点推进辽河区孤家子全国综合改革发展试点镇和铁东区叶赫省级示范城镇建设，着力打造少数民族特色村寨，加快确定10个市级城镇化示范镇，加大政策、资金等要素倾斜，全面落实放权强镇政策。做实做好城乡一体化公共服务，积极落实国家和省有关城乡改革政策和举措，让进城农民享有城镇居民同等的教育、住房、社保、医疗、计生等基本公共服务。下力气推进城乡基础设施共建共享，完善农村电、气、路、通信、饮水管网等生活配套设施，加快和完善城乡路网工程建设，有条件的地方稳步推进屯屯通、户户通水泥路，不断提高农村生活便利性和舒适度。四平市充分发挥区位交通、产业、自然和人文资源优势，把四平建成开放宜居、平安健康、绿色低碳的区域性中心城市。

二、问题

一直以来，四平市作为东北老工业基地的典型中等城市，在中央“振兴东北老工业基地战略”的大力支持下，经济社会发展水平不断提高，但由于发展基础相对薄弱，在城市发展过程中面临综合挑战，主要体现在以下方面。

（一）老工业基地城市可持续发展与资金不足的矛盾

地方财政收入相对偏低与城市建设资金严重不足的矛盾。四平市紧紧围绕“一核三带”富民优先战略，攻坚克难，奋力前行，财政收入先后突破50亿、60亿关口，但由于城市基础设施建设、教育、医疗、社会保障等公共服务投入方面的历史欠账较多，导致资金需求缺口较大，财政收支平衡压力较大，严重制约了城市建设发展的速度。

产业结构相对不合理与城市可持续发展的矛盾。从四平市三个产业结构看，2012年为25.3：45.8：28.9，三个产业比重低于吉林省水平5.9个百分点，与东部经济发达城市相比，差距更加明显。同时高耗能行业占比大，“六大高耗能行业”增加值仅占规模以上工业的33.1%，能源消耗却占72.3%，这表明四平市经济发展后劲仍显不足，内生增长动力不强，严重制约了经济的可持续发展。

（二）信息化建设与城镇化发展速度不协调

受财政收入的制约，在城市建设和民生服务中，保障了基础设施和硬件建设，信息化建设投入就会不足，城市管理与民生服务的数字化、智能化、智慧化程度普遍不高，城市的信息化系统建设缺乏整体性、连续性和有效性。城市精细化、人性化管理和服务水平与人民群众的需求还有较大差距。政府部门的信息化建设水平无法适应过去城镇化速度过快带来的各种挑战，无法及时有效地分析数据，化解矛盾和解决问题，更无法精细化地知道城市基础设施、产业态势、城市运行状态的指标，便于政府管理的决策指挥。加之长期以来，政府部门信息化建设“纵强横弱”，投入和成效不成比例，各部门各自为战，数据信息不能共享，“信息孤岛”问题无法破解。因此，在未来若干年内，信息化管理设施相对薄弱、智慧化应用水平发展不均衡、信息服务不完善等诸多问题仍然制约了经济社会的全面可持续发展。

（三）百姓关注的热点民生问题日益突显

伴随着城镇化发展，出现了老百姓最关注和期盼解决的一些热点难点问题，例如社会治安问题。四平市公共安全系统不够完善，平安城市体系建设滞后，监控效果不佳，城市治安存在较大的隐患，导致案件侦破难度大，相比其他城市，发案率较高、破案率较低。城市交通管理手段相对落后，交通治安卡口不完善、非现场执法程度较低、交通综合治理和交通信息服务智能化程度低。城市管理智慧化水平低。执法手段单一化、僵硬化，没有统一的系统化、数字化、精确、敏捷的城市综合管理平台，实现人性化、柔性化的城市治理理念等。这些热点和难点问题，在政府人力投入有限的情况下，都需要通过信息化系统建设，提升管理与服务效能，满足人民群众对城市公共安全、交通出行、城市管理及生活方面的迫切诉求。

三、措施

针对矛盾和问题，四平市委市政府把建设智慧型城市上升到推进新型城镇化发展的高度，始终认为智慧城市建设最终的目的是使市民的生活更美好，达到“社会良治”和“百姓幸福”的目标，智慧城市涵盖城市的行政治理、民生、产业、环境、防灾减灾、资本配置等方面，目的在于促进城市更智能地应对外部变化和干扰，更能主动地、有效地、自适应性地解决面临的难题；始终认为“智慧四平”建设不仅仅是技术层面的创新应用，更是城市治理理念和投融资模式的创新。因此在创建之初，必须弄清楚“我是谁、要往何处去、要干什么、要怎么做、钱从哪里来”等战略问题。特别是2012年底国家银监会463号文件发布之后，政府土地财政、举债式融资模式受到严格限制，资金筹措和城市发展的需求矛盾十分突出。智慧城市创建要保证建设目标明确、途径清晰、投资合理，避免导致新一轮的盲目低效投资、重复建设，为此四平市提出了以解决百姓最关注的民生问题为目标，采用系统思维整体规划方式、以投融资创新为手段的智慧城市发展战略。

（一）以创新融资为手段，吸引多元资金投入智慧城市建设

国务院在《关于促进信息消费扩大内需的若干意见》中指出，各试点城市要出台鼓励市场化投融资、信息系统服务外包、信息资源社会化开发利用等政策。鼓励各类市场主体共同参与智慧城市建设。四平市结合实际情况，在顶层规划和设计阶段确定了智慧城市投融资建设项目相关政策和方向，确保建设资金的落实。同时，以投资带动引资，以政策促进服务，细化政府管理和信息服务功能，以较少的政府投入带动项目的全面建设，具体表现为：

1.创新投融资模式，有效利用社会资金。发挥政府投融资的导向作用，建立健全政府、企业等多方参与的投融资机制，探索利用融资租赁和开发性金融等金融工具以及产业投资基金的形式，建立多元化、多渠道、多层级的投融资体系，引导社会资金投向“智慧四平”建设。例如利用融资租赁模式整体解决了社会安全、交通、城市管理等建设资金1.5亿元。

2.创新使用政府与社会资本合作的PPP模式。政府通过特许经营权、合理定价、财政补贴等公开透明方式，事先明确收益成本机制，吸引社会资本对重点项目进行投资，稳妥推进政府公共信息服务项目外包，鼓励有实力的企业和机构参与项目投资和运营，同

时正确引导智慧城市建设市场预期，防范和化解财政金融风险。例如智慧健康和远程医疗的规划就已经引入PPP合作模式。

3.加大专项资金投入，争取上级资金扶持。加大对智慧城市的专项资金投入，发挥其杠杆拉动效应。投资方向侧重基础性、公益性、战略性的重点项目，如政府对城市供暖监控系统的投入300万元建设既是民生基础投入，也是节能减排的战略性投入。同时也积极争取国家、省和各相关部门对四平市智慧城市建设的指导与支持，争取各类试点、示范项目落户四平。

（二）以系统思维为核心，解决信息化建设与城市发展不协调问题

通过重视顶层设计，整体规划建设城市综合运行平台，重点解决部门间业务系统“纵强横弱”、数据信息不能共享、重复投资建设的问题。通过系统科学地打造智慧政府，切实提高城市综合管理服务水平。通过智慧城市的建设，促进政务资源整合，实现高度共享，打造高效、透明、灵活、应变的智慧型、服务型的责任政府、法治政府和廉洁政府。通过发展信息化引领的智慧产业，实现产业转型。通过四平智慧城市建设，有效带动四平智慧产业发展，特别促进信息化及新型城镇化的融合发展，实现转型发展和综合经济实力增长的目的。智慧四平建设将拉动大量的智慧基础设施、智慧技术、智慧产品、智慧服务、智慧管理、智慧人文、智慧生活等产业发展，形成完善的智慧产业链，并激发企业创新活力，产生一批国家级和省市级创新型企业，带动促进产业发展，形成良性循环，达到产业强市的目的。

（三）解决百姓关注的民生问题，强化城市安全运行和民生保障

通过四平市智慧城市建设，打破信息壁垒，实现信息资源共享和整合，打造公共安全、交通安全、消防安全、基础设施安全、生产安全、食品安全、综合应急等一体化的城市安全运行和预防控制体系，构建覆盖广泛、反应灵敏的预警机制，加强不同部门之间的协同作战，进一步推动城市安全管理与应急处理，实现城市安全运行，构建平安四平。通过四平智慧城市建设，加强教育、医疗、社保、就业、养老、失业等基本民生服务，建设公共服务集成示范区，改善交通管理及出行服务，丰富市民数字化生活，重点解决衣、食、住、行等民众最关心的问题，逐步实现四平市“十二五”期间民生大改善

重要战略任务，构建幸福四平。

四、成效

根据四平市的经济发展状况，综合考虑区位优势和惠民工程的需要，四平市采用了系统设计思想，进行了整体规划和顶层设计、多个融合型项目整体融资、整体推进、按照紧迫需求分期建设实施的建设途径。

（一）通过融资创新模式，解决百姓最关注的民生问题

通过智慧城市综合运行管理中心和重点应用系统建设，即平安城市系统、城市智能交通系统、智慧化城管系统、城市多维地理信息系统以及城市综合运行中心平台，以融资租赁1.5亿元的投融资方式吸引社会资金的参与，既通过运营管理中心平台建设破解了“信息孤岛”问题，又解决了政府少投入问题。具体建设效果介绍如下：

1.平安城市系统。按照“建成一个共享平台、完善一张传输网络、建立四大保障支柱”的总体思路，建立起公安机关的多级视频图像信息共享平台，并实现互联互通及在授权范围内的互控，逐步完善公安机关的视频图像信息传输网络环境和架构，构筑起政策法规、标准规范、专用技术、人力资源四大保障支柱，加快推进视频监控系统联网建设及视频图像信息整合与共享工作。基本上达到了对城区重点单位路口的覆盖，实现了治安事件预警化、处警预案化、治安状态获取自动化、犯罪取证充分化、市公安局、区分局及辖区派出所的三级监控联网化。

2.城市智能交通系统。通过建设城市指挥中心智能交通综合管理平台、20套闯红灯抓拍、20套交通监控、10套超速抓拍、15套逆行检测、10套手动抓拍、30套治安卡口以及5套诱导信息发布系统，基本上实现了四平市城市交通的智能化指挥。平安城市系统和智能交通系统投入运行以来，效果明显。一是刑事发案特别是盗抢等可防性案件明显下降。2013年以来，全市立案9056起，与上年同比下降了10.3%，立盗抢案件7180起，同比下降21%。二是交通违法行为明显减少。市区道路交通违法率下降了80%以上，交通事故率下降了50%。三是辅助侦查破案能力明显增强。平安城市系统投入运行以来，全市通过平安城市系统抓获犯罪嫌疑人27名，提供破案线索75条，破获刑事案件103起。发案率下降，破案率上升。此外，通过提取视频监控画面，还协助交警破获多起交通肇事逃逸案和一起“碰瓷”案件。

3.城市多维地理信息系统。覆盖四平中心城区及开发区，共151平方公里。通过多维地理信息系统构建摸清楚城市地下管网系统运行状况，预防地下管线在雨季排水失灵等问题。利用多维地理信息技术、帮助规划设计与规划管理人员对各种规划设计方案进行辅助设计与方案评审，实现科学的城市规划设计、管理、编制和审批，并为智慧城市的建设打下坚实的数据基础。

4.智慧化城管系统。把每一个城市部件与其属性信息建立关联，将其全部定位到所属单元网格中，建立《四平市城市部件数据库》。同时对与部件相关的建筑、道路等进行地址普查，建立《四平市城市管理标准地理编码数据库》。智慧化城管系统运行是通过一个拥有20个座席数的多媒体呼叫举报中心、覆盖城区51平方公里5100个网格、全市的城管视频监控网络100路和共享平安城市系统的1400路视频、智能交通系统的400路视频，以及多功能移动执勤通信传输工具“城管通”500台的执法网络与强大的后台指挥调度管理中心系统，将市民、城市管理部门和相关的资源机构联系在一起，构成一个工作流程清晰、组织严密、指挥高效的城市综合管理体系。

同时依托智慧城管平台，还整合城市供热监控平台和工地监控平台。一是对城区内1000户低温家庭进行数字化监控，实时掌握城区供热基础数据。二是对城区内在建工地进行全程监控管理，及时发现、处理施工中存在的各类安全隐患。另外，平台还完成了全市环保监测数据的汇聚和发布，以及城市夜景灯光照明的集中式预案化管理。四平市数字化城管融注了系统化、数字化、精确、敏捷的城市管理理念，把管理体制、管理手段的创新和成熟的数字城市技术运用相结合，最终实现了城市管理到治理体制的变革。

（二）通过系统设计思想，解决了智慧系统协同融合问题

智慧城市综合运行管理中心，重点建设“二心、一库、一平台”。包括城市公共信息服务平台、智慧政务平台、综合应急指挥平台、决策支持服务平台、信息安全管理平台等，以及云存储与大数据中心、城市公共基础数据库、城市地理空间信息平台。实现公安、交通、城管等部门的系统介入，数据按需共享。通过此中心平台，智慧化城管系统和平安城市系统及智能交通系统能够实现数据共享，有效地解决城市管理监控死角问题，前端监控设备数据的按需互用，也减少了项目的重复投资建设，降低了项目建设成本。这种智慧业务系统数据融合接入中心平台，基本实现了打破“孤岛”的城市精细化、智慧化、人性化的管理的建设目标。具体表现在：第一精确管理分析“城市KPI”指标。城市的管理者可以及时了解城市的运行状态，通过智慧城市运行中心实现城市运

营、应急指挥、安全保障、决策支持和民生服务5大功能。第二解决了跨部门的信息共享、数据融合、协调管理问题。从职能部门信息上传整合，建立有效的整合服务形态。建立政府对市民的单一服务体系，扩大政府服务的便民性。在对全市300余万人进行健康体检的基础上，建立了每个人的物理健康档案和数字档案，对个人健康档案分类管理。通过云计算和大数据系统的有效分析使用，了解到当地的常见病多发病的分布情况，进行及时预防和治疗药品准备。

五、经验

智慧城市需要智慧地创建，通过深刻理解党中央、国务院关于创新驱动发展、推动新型城镇化、全面建成小康社会的指导思想，四平市委市政府大胆创新，以提高城市综合管理和服务水平、提升公众的生活质量和方式、优化配置城市各类资源要素、解决民生问题为目标，采取了系统思维、创新融资的建设模式，稳步推进了智慧城市和新型城镇化建设。归纳起来有三个方面：

（一）加强政府主导，进行管理机制创新

首先是市委市政府高度重视，明确分工，落实职责。四平市专门成立了由主管市长为组长，各委办局主要领导为成员的智慧城市建设领导小组，并创造性地引入智慧城市发展服务商和网络基础设施建设商等进入领导小组，形成“混合领导合作机制”。设立了专门机构智慧城市办公室，负责牵头推进智慧城市建设，协调解决相关问题，落实智慧城市规划、建设过程宏观管控、评价考核指标设计与建设成效评估等环节工作。

（二）借助系统思维理念，进行顶层设计创新

四平市紧紧抓住智慧城市创建的核心问题，积极借力城市发展服务商、基础设施运营商、系统集成商及产品提供商的新思维和创新理念，进行整体规划设计，避免重复投资、资源浪费，保证顶层设计的先进性和前瞻性。“智慧四平”重视顶层设计，体现“一城一策”的发展战略。不仅仅是“技术顶层设计”，更包括城市定位及可持续发展战略、城市投融资规划、城市基础设施建设、产业升级发展规划、重大项目规划、城市品牌和软实力设计等多个维度的综合性顶层设计。同时聘请国内外产业界、学术界和科研机构的权威专家学者组建“智慧四平”发展研究中心及专家委员会，在规划制定、重

点项目论证等环节，提供有力的“外脑”支撑，确保智慧城市建设的高标准。

（三）利用金融创新，保障智慧城市可持续发展

智慧城市建设需要大量的资金投入，为解决项目建设的迫切性与财政当期资金不足的矛盾，四平市通过创新融资手段，大胆尝试使用智慧业务系统信息化项目融资租赁和社会项目基金等手段筹措资金，让市场在资源配置中发挥促进作用，有效地避免传统的政府举债式建设投入，优化政府资产负债结构，减轻当期项目建设资金压力，提前享受“智慧四平”建设带来的红利，确保“智慧四平”建设可持续发展，实现创新驱动发展的新型城镇化建设目标。同时借鉴智慧城市建设专业化实施经验，通过专业化工程建设管理服务，确保项目保质保量按期交付。通过构建全生命周期的整体统一的运维服务、技术援助等增值服务体系，保证智慧城市各系统的正常运转，从而进一步保证建设资金投入安全和良性循环、智慧城市可持续建设。

综上所述，在智慧城市创建过程中，借助系统思维的核心理念，通过机制创新，组织保障，提高认识，实现顶层设计的整体性和前瞻性，提高工作效率和部门协同性，加快智慧四平的建设步伐。尝试投融资创新，实现多元化的资金筹措，解决资金的来源和合理使用。在“智慧四平”实施过程中，建设以“城市综合运行管理中心”和“云数据中心”等为核心的业务系统，成功地将涉及城市安全、城市管理、城市交通及民生服务等多个智慧业务系统实时地按需接入城市综合运营中心，实现部门间的数据交互，信息共享、破解 “孤岛”难题，达到了城市“运行、应急、决策、服务、安全”五大综合目标。在“智慧四平”运营过程中，通过建立专业化的运维机构，实现智慧系统的功效正常发挥，保证智慧城市各系统的正常运转。面对未来发展，需要深入研究和解决的难点问题更多，如解决农业转移人口市民化管理与服务问题，建立多元化、可持续的城镇化投融资机制，创新行政管理模式、降低行政成本等问题仍然需要以系统思维为核心指导思想来加以解决。

四平市市委书记：刘喜杰

四平市市长：石国祥

四平市智慧城市创建工作行政责任人：王宇　四平市副市长

四平市智慧城市实施管理办公室：四平市城市管理办公室

点评

点评人：王丹（研究员　建设综合勘察研究设计院）

四平市在认真分析城市发展中面临的老工业基地城市可持续发展与资金不足的矛盾、信息化建设与城镇化发展速度不协调、百姓关注的热点民生问题日益突显等问题的基础上，通过智慧城市建设，优先解决百姓最为关注的民生问题，提高城市综合管理服务水平，促进城市可持续发展，推进新型城镇化建设，取得了积极的成效。

四平市的智慧城市建设，坚持系统思维，统筹规划，着力投融资创新。四平市运用系统思维方法，注重顶层设计，建设城市综合运行管理中心平台，破解“信息孤岛”难题，实现跨部门的信息共享和业务协同，形成了工作流程清晰、组织严密、指挥高效的城市综合管理服务体系，提高政府部门的管理和服务能力。基于综合运行管理中心平台建设平安城市、智能交通、多维地理信息和智慧化城管等重点系统，构建“平安四平”和“幸福四平”，强化城市安全运行和民生保障，解决了城市安全、交通、管理等民生问题，也推动了智慧城市建设的落地。四平市以有效利用社会资金、创新使用政府与社会资本合作的PPP模式、加大专项资金投入等方式创新了投融资模式。多元化的资金筹措，解决了智慧城市建设中的资金来源问题，保障了智慧城市建设的可持续性。同时，通过智慧城市建设，也带动了四平市智慧产业的发展，促进了信息化与新型城镇化的融合。

该案例对四平市城市发展中存在问题和需求的分析较透彻，提出的智慧城市创建目标、实施思路和建设内容等针对性强，符合城市自身的发展方向和定位，符合“四化同步”的基本要求，并已取得成效。案例总结了四平市智慧城市建设的三方面经验，即：加强政府主导，进行管理机制创新；运用系统思维方法，实现顶层设计创新；通过金融创新，保障智慧城市可持续发展。作为东北老工业基地的典型中等城市，四平市案例对其他与四平经济社会发展情况相近城市的智慧城市及新型城镇化建设具有积极的借鉴意义。